Peter Stemmann
Manfred Wenzel

# Motivations-methoden

STRENG VERTRAULICH

W0180600

mvg verlag

Die Deutsche Bibliothek – CIP-Einheitsaufnahme

**Stemmann, Peter:**
Motivationsmethoden streng vertraulich / Peter Stemmann ;
Manfred Wenzel. – München ; Landsberg am Lech : mvg-verl.,
1994
  (Business-Training ; 1152)
  ISBN 3-478-81152-X
NE: Wenzel, Manfred:; GT

Wir danken Wolfgang Borges für seinen Beitrag zum Kapitel ,,Incentive und Event".

Das Papier dieses Buches wird möglichst umweltschonend hergestellt und ist chlorfrei gebleicht.

Umschlaggestaltung: Manfred Wenzel, Köln/Gruber & König, Augsburg
Satz: Fotosatz H. Buck, 84036 Kumhausen
Druck- und Bindearbeiten: Presse-Druck Augsburg
Printed in Germany 081152/294602
ISBN 3-478-81152-X

# Inhalt

Ein paar Gedanken zu diesem Buch................ 7

Mitarbeitersuche und Mitarbeiterauswahl ............ 10

Das Betriebsklima als Motivationsfaktor............. 16

Energetisches Führen: Die Motivation, die aus der
Unternehmenskultur kommt ...................... 22

Die ideale Befehlsform im Dialog................. 37

Motivation durch Lob und Anerkennung ........... 44

Die effektive Konferenz-Leitung ................... 52

Das betriebliche Vorschlagswesen (BVW) ........... 57

Die Mitarbeiter-Beurteilung als Motivationsinstrument 71

Das Sündenbock-Syndrom ....................... 78

Motivieren in der Krise......................... 84

Krankheit als Symptom der Führung................ 89

Incentive und Event: Einmal anders motivieren....... 94

Vom Geist und Stil im Hause ..................... 103

Die Energiequellen erfolgreicher Umsetzung.......... 109

Charisma in der Führung........................ 114

Das Syndrom des pessimistischen Propheten ......... 116

Gute Gedanken – gute Erfolge ................... 120

Die Brücke von der Theorie zur Praxis ............. 124

Literaturhinweise .............................. 128

# Ein paar Gedanken zu diesem Buch

Warum schreiben Menschen Bücher? Hat jeder Autor dieser Welt so Wichtiges zu sagen, daß er es schriftlich und für jeden verfügbar zu Papier bringen muß? Sind es ausschließlich edle Motive, die ein Buch entstehen lassen? Oder ist auch Eitelkeit ein Motiv, ein Buch zu schreiben? Den eigenen Namen gedruckt auf einem Buchtitel sehen ... Sagen können: ,,Wie ich schon im meinem letzten Buch schrieb ...'' Und wenn es ein Bestseller wird? Nicht auszudenken, was das bedeutet: berühmt werden, anerkannt sein, um Autogramme gebeten werden ...

Hören Sie auf zu lesen, und schreiben Sie ein Buch!

Das ist gleich die erste Methode, sich zu motivieren. Jetzt müssen Sie es nur noch tun. Wenn Sie es nicht sowieso getan hätten, dann hätte sich die Lektüre dieses Buches bereits für Sie gelohnt.

Mehr müßten Sie vorerst nicht lesen. Es sei denn, es gäbe tatsächlich auch andere Motive, etwas aufzuschreiben, außer sich selbst ein Denkmal zu setzen. Daß es diese anderen Motive gibt, ist natürlich klar. Die wichtigsten Bücher dieser Welt sind viele hundert, ja sogar tausend Jahre alt, ohne daß irgend jemand den Autor kennt.

Dieses Buch wäre bestenfalls ein Mosaiksteinchen im Bildnis unserer Eitelkeiten, weil es nicht das erste ist. Es ist seit unserem ersten Buch ,,Trainingsmethoden'' etwas passiert, das Grund genug ist, dieses fünfte Manuskript zu schreiben. Vielleicht können wir, auf unsere Art, mit Pinsel und Schreibmaschine, für ein Syndrom sensibilisieren, das unsere gesamte wirtschaftliche Entwicklung akut bedroht und schädigt: das ,,Burn-Out-Syndrom'' im Management und im Verkauf.

Jedes Jahr brennen Top-Manager und Top-Verkäufer einfach aus, werden ein Fall für die Schulmedizin und gleichzeitig ein

Katastrophenfall für unsere Gesellschaft. Sie sind wie eine hochtechnisierte Rakete, die mit den modernsten Systemen ausgerüstet startet und einfach ausbrennt, umkippt und alle investierten Gelder und Träume verglühen läßt.

Personalentwicklung eröffnet heutzutage viele Möglichkeiten. Sie trainiert einen soliden Techniker zum Verkäufer, coacht ihn zum Sales-Manager und setzt noch eine Fremdsprache im Crash-Kurs drauf. Mit steigender Qualifikation wird dieser Mensch stetig befördert, in Richtung Inkompetenz, und brennt schließlich einfach aus.

Dieses ,,Burn-Out-Syndrom'' ist auf dem besten Wege, ein Statussymbol zu werden. ,,Er hat sich völlig für seinen Job aufgegeben.'' ,,Sie hat sich selbst gar nichts gegönnt'', sagt man fast anerkennend, wenn die Betroffenen mit 40 ausgebrannt sind.

Die Wahrheit ist, zumindest unbewußt, bekannt – aber wer sagt es, so wie es ist?

Dieses Buch soll ein ,,Denk-mal'' sein für alle Menschen mit Ambitionen ,,to the top'', die andere motivieren und auch selbst Kräfte in sich mobilisieren wollen.

,,Denk-mal'' heißt hier: Denken Sie mal darüber nach – lassen Sie sich inspirieren von den Cartoons, die zwar humorvoll sind, aber die Wirklichkeit, wie sie in vielen Unternehmen ist, abbilden. Die Wirklichkeit ist das, was wirkt, was unser So-Sein be-wirkt. Nicht das, was wir als Ergebnis sehen, ist die Wirklichkeit, sondern immer das, was sie bewirkt. Die Texte beleuchten das, was uns bewegt, unsere Motive, die uns in den ,,Burn-Out'' treiben oder uns beseelen zu wachsen.

Der Himmel beginnt einen Millimeter über der Erde, warum sich also niederzwingen lassen, von einem Druck, der von innen kommt? Wir wollen sehen, ob es nicht möglich ist, jemanden, der völlig ,,ausgebrannt'' ist, wieder zu motivieren, beziehungsweise gar nicht zuzulassen, daß Sie selbst oder Ihre Mitarbeiter einen Burn-Out erleiden. Wie das gehen soll? Lesen Sie selbst!

„Verdammt! War das nicht gerade die Funke-Kaiser
aus der Marketingabteilung?!"

# Mitarbeitersuche und Mitarbeiterauswahl

Der Vertriebsleiter einer süddeutschen Autoschmiede suchte für den Innendienst eine Referentin als Verbindungsstelle zwischen der Auftragsabwicklung und den Verkäufern im Handel. Die Stelle wurde intern ausgeschrieben, und es meldeten sich fünf Damen und ein Herr. Die fachlichen Voraussetzungen waren bei allen Bewerbern erfüllt. Es ging nun darum, die Person zu finden, die es einerseits verstand, mit etwa zweihundert Exklusiv-Verkäufern motivierend umzugehen und andererseits die Wünsche nach innen zu ,,verkaufen''. (Was manchmal schwieriger ist als einen Kunden zu überzeugen.)

Die sechs Bewerber wurden zu einem gemeinsamen Meeting eingeladen. Der Vertriebsleiter stellte die zu vergebende Aufgabe dar und beantwortete Fragen der Bewerber. Dann bat er sie, dabei mitzuhelfen, die richtige Person zu ermitteln. Er sagte allen:

,,Hier schenke ich jedem von Ihnen ein englisches Barometer mit Wetterstation. Wir können ja nur einem von sechs Bewerbern die Aufgabe übertragen, so haben Sie als Dank für Ihre Bewerbung auf jeden Fall dieses schöne Zimmerbarometer.''

Das schien ungewöhnlich, die Bewerber schauten sich erstaunt in der Runde um und nickten sich gegenseitig zu. Noch niemals hatte jemand bei einer Bewerbung ein Geschenk erhalten. ,,Ach, übrigens'', sagte der Vertriebschef zum Schluß des Gesprächs, ,,Sie könnten uns die Entscheidung erleichtern, wenn Sie mit Hilfe des Barometers die Höhe dieses Gebäudes ermitteln, und uns bis Ende der Woche mitteilen, wie Ihr Ergebnis lautet. Viel Spaß dabei.''

Bis zum festgesetzten Termin hatten fünf Bewerber ihr Ergebnis eingereicht. Einer mußte diesen Test wohl für unsinnig gehalten haben. Wie auch immer, die Ergebnisse ermöglichten es, eine eindeutige Wahl zu treffen.

Eine Bewerberin hatte den Schatten des Gebäudes gemessen und mit dem Schatten des Barometers über den Satz des Pythagoras mathematisch die Höhe errechnet.

Eine Bewerberin hatte den Luftdruck am Fuß des Hauses abgelesen und war dann auf das Dach gegangen, um über die Differenz des Luftdrucks den Höhenunterschied zu ermitteln.

Eine Bewerberin hatte ihr Barometer an einer Schnur heruntergelassen und die Höhe des Wetterhäuschens hinzugezählt.

Der einzig männliche Bewerber hatte den freien Fall des Barometers mit seiner Uhr gestoppt und dadurch die Höhe bis zum Aufschlag errechnet.

Die letzte Bewerberin war zur Bauabteilung im Haus gegangen und hatte dem Architekten ein Angebot gemacht, daß dieser nicht abschlagen konnte: ,,Wenn Sie mir die genaue Höhe des Gebäudes verraten, schenke ich Ihnen ein schönes englisches Barometer.''

Wem hätten Sie die Stelle gegeben? Der Vertriebsleiter dieses Hauses suchte keinen frustrierten Rechenkünstler, sondern einen Mitarbeiter, der es verstand, mit Menschen umzugehen. Und der war zum Glück unter den Bewerbern dabei.

Sicher gibt es Vorgesetzte, die ein solches Auswahlverfahren für unnormal halten. Zugegeben, normal sind kreative Prozesse in diesem Bereich nicht. Aber diese Aufgabenstellung führte zu einer inneren Motivation bei den Bewerbern, die auch vorab schon etwas vom Geist und Stil der Arbeit in dieser Abteilung verriet.

Besonders wichtig ist dabei folgendes: Auch motivierende, ungewöhnliche Entscheidungsprozesse müssen zu der tatsächlich herrschenden Atmosphäre des Hauses und der Abteilung passen. Wenn das so ist, sind die Möglichkeiten größer, als man gemeinhin als Führungskraft zu träumen wagt.

Demgegenüber betrachten wir jetzt einmal den Ablauf einer Mitarbeitersuche in einer ,,normalen'' phantasielosen Vertriebsabteilung: Der Vertriebsleiter eines etablierten Unternehmens kommt morgens ins Büro und findet die Kündigung seines besten Verkäufers auf seinem Schreibtisch vor. ,,Ach du großer

Gott, und das gerade jetzt. Die Woche fängt ja mal wieder gut an", denkt er. Und weil außergewöhnliche wie auch schwerwiegende Veränderungen meistens im falschen Moment kommen, ist schnelles Handeln gefragt. Der Vertriebsleiter handelt sofort. Er gibt der Sekretärin den Auftrag, eine Anzeige zu schalten. „Wie letztes Mal, eine Achtelseite in der SZ, unter Chiffre. Der Text vom letzten Mal müßte noch dasein."

So nimmt die Mitarbeitersuche täglich vielfach ihren ineffektiven Lauf. Nach 20 Jahren Erfahrung in der Industrie können wir hier behaupten, daß schon bei der Suche und der Auswahl neuer Mitarbeiter sehr viel Geld verlorengeht. Tagtäglich können Chefs nicht zwischen dringenden und wichtigen Entscheidungen unterscheiden und handeln damit auf der untersten Qualitätsstufe.

Natürlich braucht das Unternehmen dringend einen neuen Verkäufer, wenn der beste Mann kündigt. Aber diese Suche und Auswahl ist wichtig! Sie sind so wichtig, daß es sich lohnt, eine Anzeige zu schalten, die den heutigen Gegebenheiten entspricht. Wäre es nicht legitim, eine hohe innere Qualität in dieses Verfahren hineinzubringen? Wer sagt denn, daß der Text der letzten Anzeige heute noch gilt? Vielleicht war der Inhalt der Anzeige schon das letzte Mal nicht optimal? Warum hat der beste Verkäufer gekündigt? Könnte man daraus nicht eine Lehre für die Auswahl des nächsten Bewerbers ziehen? Und wäre diese Neubesetzung nicht überhaupt die Gelegenheit, auch interne Wandlungen einzuleiten, die das Verkaufsgebiet und die Verkaufssteuerung betreffen?

Wer diese wichtigen Fragen beantworten will, um Qualität in seine Entscheidung für einen Bewerber zu bringen, der braucht Tage für das Abfassen der Stellenanzeige und nicht nur ein paar Minuten. „Ja, wenn ich die Zeit hätte, dann wäre die Mitarbeiterauswahl überhaupt kein Problem", sagen Chefs schon mal.

Deswegen lassen sie Personalberater die Vorauswahl treffen. Das hat viele Vorteile und ist sehr professionell, wenn − ja wenn − man sich genügend Zeit nimmt, den Personalberater auszuwählen.

„Ihre Anzeige hat mich ja so was von persönlich angetörnt, da wollte
ich heute morgen unbedingt der erste sein."

Einer weiß besonders gut, welcher Textinhalt die Suche nach dem neuen Mitarbeiter im Vertrieb erfolgreich einleiten könnte. Und das ist nicht der Vertriebsleiter, sondern der Verkäufer, der gekündigt hat! Fragen wir ihn doch:

— ,,Welche drei Ratschläge würden Sie Ihrem Nachfolger mit auf den Weg geben?''

— ,,Was halten Sie für das größte Problem beim Verkauf unseres Produktes?''

— ,,Was würden Sie ändern, damit das Unternehmen Erfolg hat?''

— ,,Was könnte ich als Vorgesetzter noch besser machen?''

Oft stellen sich gleich nach der Kündigung eigenartige, ungute Gefühle gegenüber demjenigen ein, der gekündigt hat. Man fühlt sich plötzlich einander fremd.

Dummerweise sind es gerade diese Gefühle, die verhindern, den alten Profi zu befragen. Aber gerade hier gilt: Wer fragt, führt! Wer nicht fragt, führt nicht mehr!

Führen Sie die Suche und Auswahl neuer Mitarbeiter zu bester Qualität. Fragen Sie Ihre Mitarbeiter!

„Wir planen ein weltweites Vertriebsnetz und möchten Sie als Repräsentanten für den Großraum Rondorf-Immendorf gewinnen."

# Das Betriebsklima als Motivationsfaktor

,,Sie stehen nicht im Stau, Sie sind der Stau!'' Das ist nicht nur ein Graffity-Spruch an einer Autobahnüberführung, das ist die wahrhaftige Einsicht einer selbstverantwortlichen Geisteshaltung.

,,Da ist kein Betriebsklima, Sie sind das Betriebsklima!''

Diese geistige Haltung sollte als Erkenntnis in allen Büros der Welt an die Wand gesprüht sein!

,,Wie ist denn hier das Betriebsklima?'' fragte einmal ein neuer Mitarbeiter seinen Kollegen. ,,Wie war denn das Betriebsklima in der Firma, in der Sie zuletzt waren?'' fragte der neue Kollege zurück. ,,Das war gut'', antwortete der Neue. ,,Dann wird das Klima hier auch gut sein.''

Fast könnte man meinen, hier unterhielten sich zwei Philosophen. Und so ist es irgendwie auch. Philosophie ist die Liebe zur Wahrheit, und das, was dieser Dialog besagt, ist die reine Wahrheit. Niemand kann ein Kind daran hindern, sich zu entwickeln. Keiner kann ein junges Unternehmen davon abhalten, professioneller zu werden. So wie auch eine Asphaltdecke ein grünes Pflänzchen nicht davon abbringt, den Teer zu sprengen und ans Licht zu wachsen. Es gibt nur ein Mittel, jede Entwicklung, jedes Wachstum und jede Professionalität zu unterbinden: Man muß das Klima vergiften!

Hier könnte man natürlich fragen: Ist denn ein einzelner in der Lage, so großen negativen Einfluß auszuüben, daß darunter ein ganzes Team merklich leidet? Die Antwort gibt ein Test, den Sie nachfolgend finden. Bitte lesen Sie jetzt die Testbedingungen durch, und führen Sie den Energietest dann gleich mit einer beliebigen Person durch.

# Der Energietest

Bitten Sie eine Person, sich mit waagerecht ausgestreckten Armen im Abstand von etwa vier Metern vor Ihnen aufzustellen. Erklären Sie der Testperson, daß Sie gleich langsam auf sie zugehen und die gespreizten Arme an den Handgelenken herunterdrücken werden. Die Testperson soll versuchen, so kräftig wie möglich dagegen zu drücken. (Sehen Sie auch den Cartoon „Der Energietest".)

Sie gehen jetzt aus etwa vier Metern Entfernung auf den anderen zu. Dabei schauen Sie von Anfang an gelangweilt auf den Boden, halten Ihre Hände in den Hosentaschen und denken dabei ganz bewußt über die Testperson: „Mensch, ist der albern, wie der da steht!"

Mit dieser Einstellung gehen Sie langsam auf die Testperson zu und blicken langsam von unten nach oben an der Testperson hoch. Kopfschütteln als Ausdruck der Verachtung des anderen wirkt zusätzlich schwächend auf ihn.

Wenn Sie bei ihm sind, legen Sie betont langsam Ihre Hände auf seine Handgelenke, und drücken sie langsam nach unten. Er wird nicht viel Kraft haben, um Ihrem Druck standzuhalten.

Nun bitten Sie ihn sich zu lockern, um noch einen zweiten Versuch zu machen. Bei diesem zweiten Versuch ist der Ablauf identisch − nur mit einer Ausnahme: Sie gehen jetzt freundlich strahlend auf die Versuchsperson zu und halten Ihre Arme von Anfang an offen, so als wollten Sie einen Freund umarmen. Wenn Sie bei ihm angekommen sind, halten Sie klaren, freundlichen Augenkontakt und denken innerlich: „Du schaffst es! Du hast Power!"

Nun drücken Sie wieder langsam an seinen Handgelenken nach unten. Ihr Partner wird jetzt eine Menge Kraft haben, um Ihrem Druck standzuhalten.

Dieser Test verrät Erstaunliches. Es gibt so etwas wie „Vibrationen" zwischen Menschen, die sich von Angesicht zu Angesicht begegnen. Diese „Vibrationen" können schwächend oder

Der Energie-Test

energetisierend wirken, je nachdem wie wir dem anderen begegnen. Deshalb genügt auch ein einziger Mensch, um das Klima eines ganzen Betriebes nachhaltig zu beeinflussen – negativ oder auch positiv.

Motivation ist eine Kraft, die von innen kommt. Motivation ist ansteckend! Sie beginnt immer bei dem, der sich darüber Gedanken macht.

Was ist wohl leichter? Einen anderen Menschen zu schwächen oder ihn zu stärken? Wie lange bräuchten Sie, um sich den nächsten Menschen, der Ihnen begegnet, zum Feind zu machen? Die Antwort ist klar: Höchstens eine Minute, oder so lange, wie es dauert, ,,Sie Idiot!" zu sagen.

Wie lange bräuchten Sie, um sich den nächsten Menschen, der Ihnen begegnet, zum Freund zu machen? Das dauert länger, deshalb ist positive Motivation auch schwieriger. Das Betriebsklima ist immer geprägt von der Art, wie wir unseren Umgang mit anderen Menschen gestalten. Aber wie geht das in der Praxis? Nicht jeder ist einem gleich sympathisch. Nicht an jedem gibt es positive Eigenschaften zu entdecken. Das stimmt – und das stimmt auch nicht. Wir müssen in erster Linie sehen lernen!

Achtung! Eine Warnung! Vorsicht! Wenn Sie jetzt weiterlesen, könnte es sein, daß Ihr Bild von dem Nachbarn oder dem Kollegen oder dem Chef, den Sie überhaupt nicht leiden können, ins Wanken gerät und Sie am Ende denken: Zu blöd, aber eigentlich ist der ja ganz nett! Das geht so: Finden Sie zehn Punkte, die Ihnen am anderen gefallen! Beispiel: Das ist ein Mensch, der hat ... gepflegte Hände, eine angenehme Stimme, glänzende Haare, Sinn für Ordnung, keine angewachsenen Ohrläppchen, er raucht nicht, gewinnt, wenn er lacht, kleidet sich stimmig, ist pünktlich, hat ein lustiges Grübchen am Kinn, ist ehrlich, spricht positiv von seinen Kindern, tratscht nicht über andere, hat klare Augen, kann gut zuhören, sitzt sehr gerade, ißt sehr stilvoll, grüßt immer freundlich ... stop!

Zu dumm, wenn nur die Hälfte stimmt, dann ist dieser Mensch verdammt noch mal: einfach nett! So gehen sie dahin, unsere schönen Feindbilder.

Aber gestern war der doch noch ganz anders. Nein, gestern haben Sie die Welt nur ganz anders gesehen.

Was ist wohl wichtiger für ein motivierendes Betriebsklima: daß ich anderen gefalle oder umgekehrt, daß andere mir sympathisch sind? Die Antwort ist klar: *Mach dir eine positive Vorstellung von den anderen, und du brauchst nichts zu unternehmen, um andere zu motivieren!*

Heißt denn das, es gibt nur nette Menschen? Nein, keine Sorge: Nett ist, wer meiner Vorstellung entspricht. Natürlich bleiben immer noch genügend Menschen übrig, die meiner Vision nicht entsprechen. Und die sind es, die das Betriebsklima beeinflussen ... oder nicht? ... oder doch?

*Ein Test, ob Sie das Klima in Ihrem Betrieb wesentlich beeinflussen: Wenn Sie da noch hingehen, dann tun Sie es!*

„Also mehr kann ich Ihnen von der Meierschen auch nicht erzählen –
ich hab schon mehr gesagt, als ich überhaupt weiß."

# Energetisches Führen:
# Die Motivation,
# die aus der Unternehmenskultur kommt

| Contra-Energie | Pro-Energie |
| --- | --- |
| Management by Objectives | Sinn-volle Selbstorganisation |
| Hierarchische Kadersysteme | Sich entwickelnde Organisationsformen |
| Rationalität | Gefühlsbetonte Dennoch-Energie |
| Konkrete Zielvorgaben | Gemeinsames Lernen |
| Laissez-faire | Kraftvolle Visionen |
| Anordnen | Unterstützen |
| Kostendenken | Investitionsdenken |
| Unterordnung | Selbstwertgefühl |
| Ernst der Lage | Spaß am Tun |
| Disziplin | Entfaltung |
| Kontrolle | Wertschätzung, Fürsorge, Lob |
| Kartesianisches Menschenbild | Ganzheitliches Menschenbild |
| Opportunismus | Integrität |
| Cleverness | Wahrhaftigkeit |
| Gleichmacherei | Sittliche Eliten |
| Heroischer Manager | Mensch |
| Einer gewinnt, alle anderen verlieren | Alle gewinnen |
| Macht | Einfluß |
| Angst | Liebe |

Unterm Strich kommt dabei heraus: *Charisma ist der Beitrag eines Menschen zum Wachstum eines anderen Menschen.*

Führen heißt Motivieren. Und Motivieren bedeutet: mit einem anderen Menschen so umzugehen, daß Beweggründe in ihm freigesetzt werden, die ihn gerne handeln lassen.

Ist es nicht erstaunlich, was so manch ein Chef alles unternimmt, um einen Mitarbeiter in Bewegung zu setzen? Da werden stundenlange Sitzungen abgehalten, deren einziges Ergebnis der Termin für die nächste Konferenz ist. Während des Meetings wird mit sicherem Instinkt alles falsch gemacht, was überhaupt falsch gemacht werden kann.

Schon mal erlebt? Der Chef kommt wegen dringender Geschäftigkeiten zu spät. Man fängt schon mal an, um dann, wenn er kommt, wieder von vorne anzufangen. Lange Monologe des Sitzungsleiters ermüden die Teilnehmer, noch ehe man auf den Punkt kommt. Vor lauter Informationsmüll bemerkt den „Punkt" dann leider keiner.

Hinter dem Rücken des Chefs werden mittlerweile eifrig Pläne geschmiedet, wie man ihm schonend beibringen könnte, sein Verhalten respektvoller zu gestalten. Denn zum effektiven Umgang miteinander im Team benötigt man gegenseitigen Respekt. Das ist das Problem Nr. 1, an dem nicht nur Sitzungen, sondern manchmal auch ganze Teams scheitern. Der gegenseitige Respekt wird verletzt, wenn jemandem das Wort genommen wird, wenn ein Teilnehmer vor Kollegen kritisiert wird, wenn der Vorgesetzte während der Sitzung zum Telefon geht, wenn der vereinbarte Zeitrahmen überschritten wird, wenn gute Leistungen nicht erwähnt werden.

Ohne gegenseitigen Respekt ist die Motivation, die die Energien bei allen freisetzt, nicht möglich. Energien freizusetzen, Potentiale zu mobilisieren, ein gutes Klima zu schaffen, das ist eine Führungsaufgabe. Wer das kann, der hat Charisma. So gesehen ist Charisma der Beitrag eines Menschen zum Wachstum eines anderen Menschen.

Uns interessierte die Frage: Kann man Charisma lernen? Die Antwort ist ein klares „Ja"!

Die verschiedenen Naturelle jedes Menschen bedingen individuell unterschiedliche Entwicklungsmöglichkeiten. Deswegen kann sich niemand beliebig ändern. Aber jeder kann sich verändern. Und das Wichtigste: Niemand kann andere ändern!

Wenn ich also nur mich in einem bestimmten Rahmen selbst verändern kann, wenn ich demnach Energien in mir freisetzen könnte, die andere Menschen ein wenig anstecken könnten, dann müßte sich ein kleiner Exkurs zur energetischen Führung allemal lohnen. Und so ist es! Es lohnt sich!

Betrachten wir einmal die Elemente der ,,Contra-Energie" in der Führung und die Wege zur energetischen ,,Pro-Energie" gemäß unserer Liste zum Beginn dieses Kapitels.

,,People grow where ideas flow!" sagt ein amerikanisches Sprichwort.

Lassen Sie Ihre Gedanken einmal mit uns gemeinsam fließen, indem wir die ,,Contra-Energie" der ,,Pro-Energie" direkt gegenüberstellen.

## Management by Objectives

Management by Objectives war lange Zeit im Trend, weil es logisch scheint, Ziele zu definieren und zu formulieren. Aber *logisch heißt noch nicht psycho-logisch*. Nach einer Untersuchung des Management-Instituts ,,Wilson Learning" sind die meisten Führungskräfte sehr gut darin, Ziele zu setzen – sie können aber den Sinn dieser Ziele oftmals nicht vermitteln. Und das ist es, was fehlt: der Sinn! *Motivation braucht Sinn, sonst ist sie sinn-los!*

Zwei Maurer bauen eine Mauer, und man fragt sie: ,,Was machen Sie da?" Der eine sagt: ,,Ich baue eine Mauer", der andere aber antwortet: ,,Ich baue mit an einem Dom zu Ehren Gottes!"

Hier wird deutlich, der erste Maurer kennt das Ziel, der zweite kennt den Sinn! Frage: An welchem ,,Dom zu Ehren Gottes" bauen Sie zur Zeit?

„Ja! Aber er sagt, er könne uns eine völlig neuartige Müll-Verbrennungsanlage empfehlen."

# Hierarchische Kadersysteme

Hierarchische Kadersysteme sind seit langem die ungeprüfte Struktur der meisten Unternehmen – man kennt sie auch als Organigramme. Man hat die Firma in Abteilungen eingeteilt. *Ab-teilungen sind aus der Ganzheit abgeteilte Strukturen, die eine ganzheitliche Unternehmenskultur unmöglich machen.*

Warum teilt man ab, was in seiner Summe als ein Unternehmen auftreten soll. Niemand kann es verhindern, daß Lieferanten und Kunden immer nur das Unternehmen als Ganzes sehen. Hier stimmt das Eigenbild des Unternehmens nicht überein mit dem Fremdbild der Kundschaft.

Fragen wir einmal einen Kunden wo er was gekauft hat: Der Elektromotor ist von ABB, und nicht von der Division Industrieautomation der ABB. Der Aufzug ist von OTIS, und nicht von der Elevator Company der United Technologies. Der Kühlschrank ist von Siemens, keiner sagt, das Gerät sei aus dem Produktbereich Haushalt. Dieses Buch stammt vom mvg-verlag und nicht von der Abteilung Lektorat.

Würden wir uns als Unternehmer nur für einen Moment so betrachten, wie unsere Kunden uns sehen, dann wäre unser Blick ganzheitlich. Dann kämen wir weg von der kleinen Denkordnung unserer Abteilungen mit ihren genau abgezirkelten Aufgaben. Betrachten Sie einmal Ihre eigene Visitenkarte, was steht da drauf? Ändern Sie die Organisationsform Ihres Unternehmens zur Ganzheit. Diese Geisteshaltung bedingt die Einmischung als oberstes Prinzip. Im positiven Sinn bedeutet Einmischung: Mitdenken – und Mitdenker kann jedes Unternehmen brauchen.

„... und somit ernenne ich Sie zum Halbleiter unseres Computerbüros."

## Rationalität

Rationalität ist etwas für Realisten. Fragen wir einmal einen Realisten, welches die wichtigsten Entscheidungen seines Lebens waren, so bekommen wir Antworten wie etwa die Partner- und Berufswahl. Bitte prüfen Sie einmal bei sich selbst, ob Sie für derart schwerwiegende Entscheidungen Ihres Lebens Papier und Bleistift brauchten.

*Wirklich wichtige Entscheidungen treffen wir nicht über eine Entscheidungsmatrix, sondern aus dem Gefühl heraus.* Energien im Gefühlspotential freizusetzen ist die Kunst energetischer Motivation. Von der Rationalität zur gefühlsbetonten Dennoch-Energie muß der Weg für jede Führungskraft sein, die sich und andere motivieren will.

## Laissez-faire

Laissez-faire als Führungsstil ist nicht etwa die lange Leine der Führung, sondern eher ein Defizit in der Fähigkeit, klare Aufträge zu erteilen, zu loben oder zu tadeln.

*Wenn du willst, daß deine Mitarbeiter für dich durchs Feuer gehen, gehe du voran!*

„Mensch, Brandstätter,
Sie müssen nicht immer alles so wörtlich nehmen."

„Gratuliere, Brösel! So früh sind Sie noch nie zu spät gekommen."

## Anordnen

Per Order la Muffti: Wenn ein Mitarbeiter einen Fehler macht, was ist dann zu tun? Viele assoziieren Fehler mit nachfolgender Kritik und Tadel. Energetische Führung gibt Unterstützung. Nach der Wilson-Analyse sind Anerkennung und Unterstützung die größten Defizite vieler Führungskräfte.

*Erwischen Sie einen Mitarbeiter einmal dabei, wenn er etwas gut macht!*

## Kostendenken

Kostendenken ist prima – und führt zum bitteren Ende. Jedes Jahr verschwinden Unternehmen aus den internationalen Rankinglisten, die versucht haben zu sparen anstatt zu investieren. Gerade in schwierigen Zeiten braucht ein Unternehmen hochmotivierte Leute, die im Vollbesitz ihres ganzen kreativen Potentials sind. Wie motiviert man seine besten Leute?

*Was würden Sie tun, wenn Sie die Wahl hätten zwischen sparen und investieren?*

## Ernst der Lage

Ernst wird die Lage in einer Rezession, bei Umsatzflauten und Verlusten. Es ist dabei schwer auszumachen, wo denn die Motivations-Blocker wirklich sind. Stecken sie in der Realität oder in der eigenen Phantasie?

*Pro-Energie finden wir nur im Spaß an dem, was wir tun.* Nehmen wir uns nicht manchmal zu ernst? Jetzt mal im Ernst: Tun Sie, was Ihnen Spaß macht, das steckt an! Gibt es etwas Schöneres als Spaß? (Und das besonders in schwierigen Zeiten?)

# Disziplin

Disziplin ist schädlich, wenn jeder macht, was er soll, und keiner tut, was er kann. Disziplin ist eine sehr persönliche Angelegenheit. Der hohe Maßstab eines bewußten Umgangs mit sich führt zu einer inneren Aufrichtigkeit, wenn man aufhört, sich selbst etwas vorzumachen. So wird aus lähmender Disziplin persönliche Entfaltung. Ent-falten kann man nur, was ge-faltet war.

*In Unternehmen, in denen ja viele Menschen miteinander umgehen, gibt es automatisch so viele Verwicklungen, daß Entwicklung immer lohnt.*

Wir müssen nur für den nötigen Entfaltungs- oder Entwicklungsspielraum sorgen. Das mobilisiert schlummernde Energien.

# Kontrolle

*Kontrolle ist gut, Vertrauen ist besser.* Es ist nicht schlimm, daß wir einige Einsichten nicht haben. Schlimm ist nur, daß wir Einsichten in uns herumtragen, die heute nicht mehr stimmen. So ist es mit der Kontrolle. Kontrolle lohnt auf jeden Fall, aber nur aus einem Grund: Kontrolle muß dasein, um im richtigen Augenblick zu loben!

# Kartesianisches Menschenbild

Das kartesianische Menschenbild bedeutet historisch gewachsen: Der Mensch ist ein Rädchen in der großen Maschine. Das könnte auch heute noch stimmen, wenn wir uns über unsere Bedeutung als Rädchen bewußt wären.

Geben Sie Ihren Mitarbeitern Feedback über deren Standort im Getriebe des Unternehmens. Was macht gerade diese Position einmalig? Welche Entwicklungschancen sind denkbar? Animieren Sie immer wieder dazu, das Getriebe zu sehen, seinen

Standort zu verstehen, dann ist es nicht mehr egal, was die anderen Abteilungen machen. *Auf einmal wird es wichtig, wenn in China ein Sack Reis platzt!*

## Opportunismus

Opportunismus entsteht aus der permanenten Erfahrung von Druck. Daraus wird eine chronische innere Haltung. Opportunismus ist natürlich das Gegenteil von Integrität. Ein Unternehmen, dem es an Integrität fehlt, muß daran zugrunde gehen. *Es gibt nur eine Richtung, aus der Integrität begünstigt oder verhindert wird: von oben.*

## Cleverness

Sie hat manipulativen Charakter und ist deshalb nicht energetisierend. Wahrhaftigkeit ist eine Tugend, nicht unbedingt die herausragende Tugend einer jeden Führungskraft, aber *aus der Sicht der Mitarbeiter ist es die Wahrhaftigkeit, die einen Menschen glaubwürdig macht.*

## Gleichmacherei

Sie verhindert herausragende Entwicklungen beim einzelnen und damit im Team. Weltmeister wird man nur über den Ausbau von Talenten, Neigungen, Stärken, Ressourcen, Fähigkeiten und Begabungen. So manch einem Chef möchte man sagen: ,,Dann hindere doch wenigstens deine Mitarbeiter nicht daran, das zu tun, was sie tun könnten.''

Jeder ist unfähig, nur eben auf unterschiedlichen Gebieten. Erstaunlich ist es, mit welcher Sicherheit manchmal gerade die Unfähigkeit geschürt wird. *Sittliche Eliten erkennen und fördern, das ist der Schlüssel zur energetisierenden Führung.*

„Ich möchte Sie bitten, Frau Meier-Johansen, meine Entscheidungen nicht ständig anzuzweifeln."

## Der heroische Manager

Der heroische Manager ist out, es lebe der Mensch! Man trägt wieder Gefühl. Man darf Fehler machen. In einem energetischen Team entschuldigt man sich, wenn man etwas falsch gemacht hat — in einem Contra-Klima fragt man um eine Genehmigung, bevor man etwas tut.

*Die Helden im Management gibt es nur im Lehrbuch.* Wann sind Sie zum letztenmal von Ihren Mitarbeitern kritisiert worden? Hoffentlich heute!

## Einer gewinnt, alle anderen verlieren

Was wünschen sich Mitarbeiter wohl mehr? Einen starken oder einen schwachen Chef? Einen starken natürlich! Gut, aber woran messen Mitarbeiter die Stärke ihres Chefs? Etwa daran, wie der Chef es wagt, mit ihnen zu sprechen?

Nein, Mitarbeiter bewundern die Stärke eines Vorgesetzten, der ihre Interessen nach oben und außen vertritt. Das allein motiviert. *Denken Sie dran, wenn Sie wieder gewinnen: Der andere hat gerade verloren.*

## Macht

*Macht hat derjenige, der seine Kooperationsbereitschaft anbieten oder entziehen kann!*

Wenn das stimmt, haben Chefs keine Macht. Es stimmt, seit jeher, die Macht liegt bei den Mitarbeitern!

Das einzige, was wir zur Motivation einsetzen können, ist unser Einfluß. Wir sahen schon Führungskräfte, die das nicht wahrhaben wollten. — Bis deren Mitarbeiter krankfeierten, Dienst nach Vorschrift machten oder ganz einfach unmotiviert waren. Manchmal ist eben Erfahrung der beste Lehrmeister — leider kommt sie meistens zu spät.

# Angst

Sie ist die pathologische Form des Problemdenkens. Menschen, die in Dimensionen denken wie: Belastung, Probleme, Sorgen und Apathie, sind der Motivation verschlossen. Diese zu öffnen, durch ein offenes Lernklima, ist der einzige Zugang zu ihrem energetischen Potential. Das Tor dahin heißt: Liebe. *Wer führen will, sollte Menschen lieben. Grundsätzlich.* — Mit all ihren Unzulänglichkeiten. Und vor allem: mit den eigenen.

# Die ideale Befehlsform im Dialog

Nehmen wir einmal an, ein Verkäufer im Außendienst macht vier Kundenbesuche pro Tag, und seine Umsätze liegen genau im vorgegebenen Rahmen. Sein Chef denkt sich nun: „Wenn der einen Kundenbesuch mehr pro Tag machen würde, dann könnten wir den Umsatz in seinem Gebiet steigern. Ich werde mal mit ihm reden." So bittet er diesen Verkäufer zu einem Gespräch in sein Büro. Wir wissen nicht, wie dieser Verkaufsleiter versucht, seinen Verkäufer zu motivieren, wir wissen aber, wie sich die gebräuchlichsten Varianten einer solchen De-Motivationsrede anhören.

### De-Motivations-Variante 1 (Von hinten quer ins Auge)

„Morgen, Herr Drabendorfer."

„Morgen Chef, was gibt's?"

„Herr Drabendorfer, ich wollte mal über Ihre Umsatzentwicklung mit Ihnen sprechen."

„Wieso, sind Sie nicht mit mir zufrieden?"

„Doch, doch, Sie liegen genau im Forecast. Aber ich dachte, gegen ein höheres Einkommen hätten Sie doch bestimmt nichts, oder?"

„Wieso? Ich bin zufrieden!"

„Ach was, was heißt hier zufrieden, Sie könnten viel mehr verdienen."

„Wie meinen Sie das?"

„Na ja, ich meine, Sie könnten mehr Umsatz machen, und dann würden Sie auch mehr verdienen. Wäre doch nicht schlecht, oder?"

„Ich weiß nicht, Chef, jetzt wo meine Frau gerade die Erbschaft gemacht hat."

## De-Motivations-Variante 2 (Wie sag ich's meinem Kinde?)

„Guten Morgen, Herr Godebrink, wie geht's? Nehmen Sie doch Platz."

„Ja, guten Morgen, Chef."

„Herr Godebrink, ich will gleich zur Sache kommen. Sie sind doch Fußballer, oder?"

„Fußballer? Ach so, ja. Wieso?"

„Also passen Sie mal auf, es ist doch bestimmt ein Unterschied, ob Ihre Mannschaft im Spiel zehnmal oder zwanzigmal auf das Tor stürmt, oder?"

„Wie meinen Sie das denn?"

„Naja, ich meine, wer ein Tor schießen will, der muß doch auch mehr als einmal aufs Tor losstürmen. Verstehen Sie?"

„Nee, wie kommen Sie bloß darauf?"

„Also gut, um es deutlich zu sagen, Sie können doch nicht mehr Tore schießen, als Sie auf das gegnerische Tor losstürmen, nicht?!"

„Wieso, ich bin doch Schiedsrichter."

## De-Motivations-Variante 3 (Butter bei die Fische)

„Grüß Gott, Herr Rhode-Birkenfeld. Kaffee?"

„Grüß Gott, ja gerne, schwarz, ohne alles, bitte."

„Herr Rhode-Birkenfeld, es geht um Ihre Besuchsfrequenz. Sie machen mit durchschnittlich vier Besuchen pro Tag gute Umsätze. Das freut mich. Ich wollte Sie mal fragen, ob Sie bereit wären, fünf Besuche zu machen, dann müßte der Umsatz noch mal steigen."

„Sind Sie da sicher Chef? Ich nehme mir natürlich viel Zeit, um jeden Kunden individuell zu beraten. Und wenn ich diese Zeit pro Kunde nicht mehr hätte, naja, ich weiß nicht . . . ?"

„Ach was, kein Problem, versuchen Sie's doch einfach mal. Wir werden ja sehen."

„Gut, wenn Sie meinen ..."

Diese drei Varianten haben alle eines gemeinsam: In keinem Fall wurde im Mitarbeiter etwas bewegt. „Motivare" heißt jedoch gerade das: etwas bewegen! Wie bewegt man etwas im anderen, so daß man wirklich von Motivation sprechen kann? Leider hat man keine anderen Mittel, außer der Art, wie man mit dem anderen redet und mit ihm umgeht, um etwas zu bewegen. Wie „einfach" geht das doch beim Militär:

„Achtung! Vortreten! Besuchsfrequenz von vier auf fünf erhöhen!"

„Jawohl! Neue Frequenzzahl fünf!"

„Neue Frequenzzahl gilt ab sofort! Zurücktreten!"

„Verstanden! Frequenzzahl fünf gilt ab sofort!"

Befehl und Gehorsam macht jeden Umweg, jeden Trick, jede Manipulation überflüssig. Wie aber sieht die „ideale Befehlsform" aus, wenn wir auf der Basis gegenseitigen Respekts und gemeinsamer Interessen eine Idee manifestieren wollen? Dabei ist eine Menge zu beachten. Seien wir einmal ganz achtsam:

„Guten Morgen, Herr Topmann. Freut mich, daß Sie einen Moment Zeit haben."

„Guten Morgen, Chef. Was gibt's?"

„Ja, ich wollte Sie mal etwas fragen. Wir haben uns für dieses Quartal wieder eine Menge vorgenommen. Wir wollen den Gesamtumsatz bis zu fünf Prozent anheben. Machen Sie dabei grundsätzlich mit?"

„Ja sicher, wieso?"

„Das freut mich, schön. Dann können wir das auch schaffen. Was denken Sie denn, wie wir das anpacken müssen?"

„Also, so ganz spontan ... dann brauch ich erst mal einen schnelleren Dienstwagen, da kann ich viel Zeit sparen. Ach, und bevor ich's vergesse, die Werbung in der Tagespresse muß unbedingt erhöht werden."

„Gut, das schreibe ich mir auf. Und wenn Sie an Ihren eigenen Bereich denken, wo sehen Sie da Chancen?"

*Stop, Schnitt, Pause, Break, bis hierher!*

„Wenn ich Ihre Andeutung richtig verstehe, sind Sie zu einer Leistungssteigerung grundsätzlich bereit."

Betrachten wir jetzt einmal achtsam, welche Elemente dieses Gespräches einer „idealen Befehlsform" entsprechen, und warum sie das tun.

1. Der Einstieg in ein Gespräch muß natürlich immer positiv sein. Das ist keine Frage von „Knigge", sondern eine Frage des Niveaus. Es gibt kein Gespräch, das nicht positiv beginnen könnte.

2. Kurz und bündig zur Sache: Man muß ein konkretes und reizvolles Ziel in den Raum stellen. Es sollte ein Ziel sein, das den Gesprächspartner nicht durch Unterforderung beleidigt.

3. Wie groß ist jetzt die Chance, daß der Gesprächspartner „Nein" sagt? Die Chance geht gegen Null.

4. Wenn der Gesprächspartner „Ja" sagt, so ist das dennoch nicht selbstverständlich. Das verdient Anerkennung. „Das freut mich!" ist die einfachste Form, eine Anerkennung auszusprechen.

5. Jetzt kommt der entscheidende Punkt: „Was meinen Sie denn, wie wir das realisieren könnten? Was schlagen Sie vor?" Das ist Fragetechnik pur. Es geht nicht darum, was man selbst tun würde, sondern darum, was der Mitarbeiter vorschlägt zu tun.

6. Egal, was jetzt vorgeschlagen wird – notieren Sie es! Und sei es noch so verwegen. Alles notieren, nur Geduld!

7. Erst jetzt werden die Vorschläge auf den eigenen Bereich zugeschnitten.

Jetzt noch einmal im Überblick:

1. Positiver Einstieg: „Freut mich, daß Sie Zeit für mich haben ..."

2. Auf den Punkt kommen: „Wir wollen uns gerne um fünf Prozent steigern ..."

3. Reizvolles Ziel nennen: ,,Machen Sie dabei grundsätzlich mit?"

4. Das ,,Ja" abwarten!

5. Anerkennung zeigen: ,,Das freut mich ..."

6. Ideen erfragen: ,,Was schlagen Sie vor?"

7. Geduld haben: ,,Gut, wird notiert ..."

8. Kanalisieren: ,,Und wenn Sie an Ihren Bereich selbst denken . . .?"

Am Ende des Gesprächs sollte es nur noch um den nächsten Termin gehen, bei dem die Ideen und Möglichkeiten von beiden Gesprächspartnern noch einmal beleuchtet werden.

Der Knackpunkt in diesem Motivationsgespräch ist die Versuchung des Vorgesetzten, selbst Vorschläge zu machen. Das ist eine Falle, in die wir nur allzu leicht hineintappen. Warum ist das eine Falle?

Nun, prüfen wir kurz, was passiert, wenn man als Vorgesetzter selbst alle Vorschläge macht: *Welche Ideen haben wir Menschen wohl grundsätzlich lieber? Die zehn schlauen Ideen unseres Chefs – oder die eine eigene?* Nehmen wir einmal an, der Chef schlägt etwas vor, das weitab von den Vorstellungen des Betroffenen liegt – wird der Mitarbeiter das unterstützen? Sicher nicht! Nehmen wir einmal an, der Chef schlägt etwas vor, das weit unter dem Einsatz liegt, den der Betroffene selbst bereit wäre zu leisten – wird er sich wohl freiwillig zu mehr verpflichten? Sicher auch nicht!

Was tun wir Menschen wohl lieber: Ratschläge geben oder annehmen? Und deshalb sollten wir wissen: Ein Rat-schlag ist nicht nur ein Rat, sondern auch ein Schlag. Und woran erinnern wir Menschen uns wohl nachhaltiger? An die Ratschläge, die wir bekamen oder die wir anderen gaben? Wir denken lange daran, wem wir wann welchen guten Hinweis gaben. Deshalb ist der beste Rat, den wir jedem geben können, der einen anderen Menschen motivieren will:

Fragen Sie ihn um seine Ideen, lassen Sie sich beraten, das vergißt er nie. Und *was wollen wir unserem Chef wohl eher beweisen? Daß unser eigener Rat funktioniert oder daß er schlecht war?*

Wir Menschen unternehmen so manches, um der zu sein, der wir am liebsten wären. Und wer wären wir am liebsten? Ein Held! Ein guter Berater! Ein Helfer, wenn es schwierig wird.

Also geben wir anderen doch die Gelegenheit, das zu tun, was sie tun wollen und tun können: selbst zu bestimmen, was zu tun ist, und es dann mit Vehemenz zu realisieren.

So manchem Chef müßte man zurufen: „Hören Sie auf, Ihre Mitarbeiter daran zu hindern, gute Arbeit zu leisten! Lassen Sie sich beraten! Fragen Sie!" Es bleibt dabei: „Was schlagen Sie vor?" ist die ideale Befehlsform im Dialog.

# Motivation durch Lob und Anerkennung

Unsere Welt ist voll von Mitarbeitern, die behaupten: ,,Mein Chef sieht nur meine Fehler.`` Und das auf allen hierarchischen Ebenen.

Wie kommen Mitarbeiter zu dieser Überzeugung? Gehören nicht auch wir hin und wieder − im Streß und in der Hektik des Alltags − zu den Menschen, die positive Resultate als selbstverständlich betrachten?

Viele Führungskräfte beklagen sich über die mangelnde Leistungsbereitschaft ihrer Mitarbeiter. ,,Die jungen Leute haben kein Interesse mehr, engagieren sich nicht, haben nur ihre Freizeit im Sinn``, das sind Aussagen, die man allzu häufig hört.

An wem liegt es eigentlich, den Mitarbeitern sinnvolle Ziele zu zeigen, für die zu engagieren es sich lohnt?

Müßte es nicht eine Selbstverständlichkeit sein, daß gerade Führungskräfte dafür sorgen, daß Mitarbeiter sich selbst motivieren können?

Aber wie sollte das gehen, wenn nicht über ein anerkennend positives Feedback?

Lob ist die seelische Lohntüte! Wieviel Lob vertragen Menschen, bevor Sie eine Gehaltserhöhung wollen? Kübelweise ... aber immer angemessen! Der alte Satz: ,,Behandle andere so, wie du selbst behandelt werden willst`` − er stimmt nicht mehr.

Naturellbedingte Unterschiede erfordern individuelle Nuancen auch in der Art, jemandem das zu geben, was er verdient: Anerkennung und Lob.

Den einen lobt man, indem man ihm auf die Schulter klopft. Den anderen betraut man am besten mit einer neuen schwierigen Aufgabe.

So breit ist das Feld der Anerkennung. Das kann natürlich nur jeder selbst und aus der Situation heraus entscheiden.

„Könnte es sein, Fräulein Krause,
daß Ihnen Ihr Job bei uns ziemlich gleichgültig ist?!"
„Weiß nicht, ist mir aber auch egal."

„Zu zweit geht eben doch alles viel schneller —
nicht wahr, Herr Kollege!?"

Aber genau das ist der Punkt. Was gibt es zu entscheiden, wenn nicht bewußt ist, worum es geht? Es geht um ein bewußtes Erkennen dessen, was wir Menschen am besten vertragen: Anerkennung und Beachtung.

Wem das klar ist, der wird kein Engagement seiner Mitarbeiter mehr ins Reich der Selbstverständlichkeiten übertragen, sondern klaren Blickes erkennen, was es zu tun gibt: Er wird seine Mitarbeiter jeden Tag bewußt loben!

Hier noch ein Hinweis in persönlichen Angelegenheiten: Machen Sie jetzt nicht den Fehler, und bringen Sie Blumen mit nach Hause, nur weil Ihnen eben etwas bewußt geworden ist. Sie könnten sonst in den Verdacht geraten, ein schlechtes Gewissen zu haben.

Wenn Sie aber Ihren Tagesplan für morgen festlegen, warum sollten Sie da nicht auch das Tagesmotto festschreiben: ,,Wem werde ich morgen eine Freude machen?'' Überlegen Sie einfach: ,,Wessen Beachtungskonto kann eine kleine Aufstockung vertragen? *Wer darf wissen, daß ich gerne mit ihm zusammenarbeite?''*

Verhelfen wir unseren Mitarbeitern – und warum nicht auch einmal unseren Vorgesetzten – zu einem realistischen Selbstwertgefühl, indem wir ihre Leistungen anerkennen. Lob und Anerkennung kosten so wenig und sind doch unbezahlbar!

Es gibt viele Führungskräfte, denen solche Einsichten mittlerweile bewußt sind und die auch respektvoll mit ihren Mitarbeitern umgehen. In unseren Management-Seminaren spüren wir einen Wertewandel zugunsten der Sensibilisierung für psychologische Naturgesetze. Und der latente Wunsch nach Lob und Anerkennung ist so ein Gesetz in der Psyche des Menschen, das viele erkennen und umsetzen. Gratulation all denen, die bewußt oder intuitiv dazugehören!

Um nicht in irgendwelche praxisfremden psychologischen Ebenen abzudriften, wollen wir einen wichtigen Aspekt im Zusammenhang zum Lob ebenfalls beleuchten. Was ist, wenn Fehler passieren, wenn ein Mitarbeiter seine Aufgabe nicht optimal erfüllt, mit einem Wort: wenn Tadel angebracht ist? Tadel gehört zur Zusammenarbeit so natürlich wie jeder andere Reibungspunkt im gesunden Konflikt um eine Sache. Dennoch tun sich gerade beim Tadel manche Menschen schwer. Wie kommt das? Definieren wir zuerst einmal das Ziel eines jeden Tadels:

1. Tadel soll helfen, aus Fehlern zu lernen.

2. Tadel muß motivieren!

3. Tadel soll die Bereitschaft auslösen, sich selbst zu beurteilen und sich selbst zu einer Verhaltensänderung zu motivieren!

Dieser Definition fehlt jeder Aspekt der Bestrafung. Tadel ist keine erzieherische Maßnahme. Tadel hat nur einen Sinn: Motivation! Um dies zu erreichen, müssen einige wesentliche Kriterien erfüllt sein. Sollte nur einer dieser psychologischen Aspekte mißachtet werden, führt Tadel unweigerlich zu Rechtfertigungen – und sie sind das Gegenteil von Motivation. Betrachten wir erst einmal, was oft falsch gemacht wird:

– Der Vorgesetzte tadelt im ersten Ärger und wird dabei unsachlich.

– Der Vorgesetzte verläßt sich auf Gerüchte und überprüft den Sachverhalt nicht.

– Der Vorgesetzte spricht um den heißen Brei herum.

– Der Vorgesetzte verurteilt den Mitarbeiter und nicht den Fehler.

– Der Vorgesetzte belastet das Schuldbewußtsein des Mitarbeiters und treibt ihn zu Rechtfertigungen.

– Der Vorgesetzte tadelt überhaupt nicht und bringt den Fehler selbst in Ordnung.

Hier eine Metapher, wie sie eigentlich nur das Leben schreibt, und die die Gesetze von Lob und Tadel deutlich macht:

Eine Familie sitzt eines Sonntags am Frühstückstisch. Das Besondere daran ist, daß der achtjährige Sohn nicht spricht. Er hat noch nie gesprochen. Zuerst dachten alle, er wäre ein Spätentwickler. Dann konsultierte man verschiedene Ärzte, die aber keine Anomalien feststellen konnten. So gewöhnte man sich im Laufe der Jahre eben an das Schicksal, daß dieses Kind stumm blieb.

An diesem Morgen geschah etwas Außergewöhnliches. Wie gesagt: Alle sitzen am Frühstückstisch, und plötzlich hebt der Sohn den Kopf, hält seine Tasse mit Tee vor sich hin, guckt in die Runde und sagt: ,,Da ist ja gar kein Zucker im Tee!''

Für eine Sekunde verharren alle in ihrer Position. Dann bricht die Mutter in Tränen aus und schluchzt: ,,Du kannst ja sprechen?!''

Der Vater holt im selben Moment aus und haut seinem Sohn eine runter. ,,Wieso hast du denn nie was gesagt?'' schreit er ihn an.

Junior sieht ihn an und zuckt mit den Achseln: ,,Bis jetzt war immer alles in Ordnung!''

Finden Sie, daß diese Geschichte etwas mit Ihrem beruflichen Alltag zu tun hat? Wenn nicht, dann vergessen Sie sie einfach. Wenn ja, sind Sie in bester Gesellschaft. Sie gehören zu den Menschen, die auf der Ebene des Symbols eine Verbindung zur Realität erkennen.

Es ist eben nicht selbstverständlich, daß alles in Ordnung ist! Es ist auch nicht völlig normal, daß jemand sich immer wieder für seine Aufgabe voll engagiert. Gute Laune haben, für Kollegen einspringen, das Wochenende opfern, Überstunden machen, Kaffee servieren, Messedienst übernehmen, an Abendveranstaltungen präsent sein, zum Flughafen fahren und, und, und ...

# Das psychologisch geschickte Vorgehen

Auch ein Tadelsgespräch muß positiv beginnen. Das ist nicht nur eine Frage des Niveaus. Hinzu kommt, daß viele Mitarbeiter unsicher sind, wenn sie überraschend zum Chef gerufen werden. Wird ihnen in diesem Zustand ohne Übergang auch noch (vielleicht sogar zu Unrecht) ein Fehler vorgeworfen, ist das Gespräch schwerlich effektiv. Daraus entstehen nicht selten Aggressivität, die Flucht in Rechtfertigungen oder gar die innere Kündigung.

Solche Rechtfertigungen stehen einer konstruktiven Lösung des Problems im Wege. Nur ein konkreter und positiver Gesprächseinstieg kann diese Anfangsspannungen abbauen und die Konfliktsituation versachlichen.

*Mit Rechtfertigungen steht sich der Mensch oft selbst im Weg!*

Es ist ein Gebot der Menschlichkeit, dem Mitarbeiter sehr früh im Gespräch klar zu sagen, was vorgefallen ist und welche Probleme daraus entstehen.

,,Selbsterkenntnis ist der erste Schritt zur Besserung'', sagt ein altes Sprichwort. Geben wir dem Mitarbeiter durch geeignete Fragen Gelegenheit, den Fehler selbst zu ,,verurteilen'', und zollen wir ihm für diese Bereitschaft Anerkennung. Auch hier sind den Mitarbeitern die eigenen Ideen immer lieber als die beste Idee des Chefs. Geben wir dem Gesprächspartner durch die Frage ,,Was schlagen Sie vor?'' Gelegenheit, Wege zu finden, um diesen Fehler künftig zu vermeiden.

Oft liegt die Ursache von Fehlern nicht in der beruflichen Sphäre, sondern in privaten Problemen begründet. Zeigen wir dem Mitarbeiter deutlich unsere Bereitschaft, ihm im Rahmen des Möglichen auch in diesem Bereich Gesprächspartner zu sein. *Jeder Mitarbeiter soll nach einem Tadel stärker und motivierter aus dem Büro seines Chefs herausgehen, als er hereingekommen ist!*

Dazu ist es wichtig, den ganzen Menschen zu sehen — und nicht nur den Fehler. Hier ein Überblick für ein gutes Tadelsgespräch:

1. Positiver Einstieg.

2. Konkreter Sachverhalt (Ist ungleich Soll).

3. Mitarbeiter soll den Fehler selbst „verurteilen".

4. Anerkennung für die Einsicht zeigen.

5. Wie läßt sich der Fehler in Zukunft vermeiden?

6. Konkrete Maßnahmen erfragen.

## Motivation durch Lob

— Lob und Anerkennung sind der Schlüssel zu freiwilliger Höchstleistung!

— Lob ist die produktivste Führungsaufgabe!

— Lob ist die seelische Lohntüte!

— Lob ist der beste Treibstoff für Höchstleistungen!

— Mitarbeiter vertragen viel Kritik — wenn sie für gute Leistungen Anerkennung bekommen!

## Motivation durch Tadel

— Nur, wer beide Seiten anhört, kann verstehen!

— Verurteilen Sie den Fehler und nicht den Menschen!

— Helfen Sie Ihren Mitarbeitern, aus ihren Fehlern zu lernen!

— Tadeln Sie immer nur unter vier Augen — und niemals im Ärger!

— Helfen Sie Ihren Mitarbeitern, sich selbst zur Verhaltensänderung zu motivieren!

# Die effektive Konferenz-Leitung

## Die Mitarbeiterbesprechung als Führungsinstrument

Warum haben viele Führungskräfte und Mitarbeiter eine negative Einstellung zu Besprechungen und Konferenzen? In der täglichen Praxis lassen sich immer wieder einige typische Fehler beobachten, die die Ursache für die Demotivation sind, mit der fast jede Konferenz endet.

- Unpünktlicher Beginn, Zeitüberschreitung am Ende;

- Monolog des Konferenzleiters;

- persönliche Angriffe einzelner Teilnehmer oder des Leiters;

- Abweichen vom Thema;

- unklare Zielsetzung;

- keine konkreten Ergebnisse (außer dem Termin des nächsten Meetings);

- keine straffe Konferenzleitung;

- die Teilnehmer (und oft auch der Leiter) sind unvorbereitet;

- es handelt sich um Prestige-Diskussionen, in denen es nicht um die Sache geht, sondern darum, recht zu bekommen;

- Details, die ins Einzelgespräch gehören, kosten Zeit;

- der Leiter „zerreißt" die Ideen der Teilnehmer;

- hierarchische Spannungen verhindern Kreativität;

- Diskussionen sind oft eine Farce, weil die Entscheidung schon gefallen ist.

„Schön, daß Sie so pünkt-lich erschienen sind."

„Vielen Dank für Ihre Anregungen –
ich komme nun zum Beschluß-Protokoll."

## Die ideale Besprechung (Konferenz)

Verbessern kann man jede Besprechung oder Konferenz. Hier ein paar Punkte, die auch Ihnen in der nächsten Besprechung zu mehr Effizienz verhelfen werden.

Die an alle Teilnehmer verschickte Einladung enthält:

– den Tagungsort/-raum;

– den Beginn/das Ende;

– klar formulierte Ziele zu jedem Tagungspunkt;

– die konkreten Beiträge, die vom Teilnehmer erwartet werden und auf die er sich vorbereiten soll.


## Die ideale Besprechung und ihre Durchführung

Zu beachten sind folgende Punkte:

– Kein Mensch interessiert sich für lange Monologe des Konferenzleiters, also: Ein kurzer, positiver Einstieg genügt.

– Der Leiter sollte sich für die Ansichten der Konferenzteilnehmer interessieren. Nach dem Grundsatz ,,Wer fragt, führt das Gespräch'' sollte jedem Teilnehmer die Gelegenheit gegeben werden, seine Meinung zum Thema darzulegen.

– Antworten sind so präzise wie die Fragen zu halten.

– Persönliche Angriffe sind tabu!

– Wer recht hat, ist nicht wichtig. Alles dreht sich um die Frage: ,,Was ist richtig?''

– Durch straffe Führung (mit gezielten Fragen) sollte dafür gesorgt werden, daß die Besprechung pünktlich beendet wird.

– Abweichungen vom Thema werden nicht toleriert.

- Jedem Teilnehmer sollte die Gelegenheit gegeben werden, sich in irgendeiner Weise auszuzeichnen. Gute Ideen sollten auch als solche anerkannt werden.

- Jedes Thema muß durch eine konkrete Entscheidung abgeschlossen werden.

- Unvorbereitet erschienene Teilnehmer dürfen sich nicht zur Klarheit durchreden. (So entstehen die meisten Zeitüberschreitungen.)

- Ganz wichtig: das Beschluß-Protokoll mit konkreten Formulierungen, wer was bis wann zu tun hat.

Richtig vorbereitet und durchgeführt ist eine Konferenz oder Besprechung ein wesentliches Führungsinstrument, das der Information, Koordination, Motivation und Effizienz dient.

# Das betriebliche Vorschlagswesen (BVW)

"Wir wissen nicht, wer das Wasser entdeckt hat,
sind aber sicher, daß es kein Fisch war."

Wenn es immer die Fachleute wären, die die guten Ideen haben – dann bräuchte kein Unternehmen ein betriebliches Vorschlagswesen.

Wenn jede Idee eines Mitarbeiters in dessen Namen zur Prüfung gelangte – dann bräuchte kein Unternehmen ein betriebliches Vorschlagswesen.

Wenn Kreativität in der Unternehmenskultur gelebt würde – dann bräuchte kein Unternehmen ein betriebliches Vorschlagswesen.

Warum besitzen selbst große, innovative Firmen diese Einrichtung dennoch?

Wenn in Deutschland in einem Großunternehmen pro Jahr 10 000 Ideen für Veränderungen aus der Belegschaft kommen, ist die Geschäftsleitung beleidigt – über so viel Unzufriedenheit mit dem Status quo.

Wenn in Japan in einem Großunternehmen pro Jahr 10 000 Ideen für Veränderungen aus der Belegschaft kommen, ist die Geschäftsleitung ebenfalls beleidigt – über so wenig Bewegung in den Köpfen der Mitarbeiter. Das ist kein formeller Unterschied, sondern eine andere Geisteshaltung. Japans Erfolge beruhen auf den Leistungen der Söhne der Samurai. Was das mit unserem Thema Motivation zu tun hat, wird gleich erklärt.

Samu heißt "dienen". Der moderne Samurai steht so auch heute noch im Dienste seines "Lehnsherrn". Der berühmteste Samurai in der japanischen Geschichte war der legendäre Miyamoto Musashi, der im Jahre 1644 die bis heute gültigen Regeln der Schwertkunst aufstellte.

Das Verständnis dieser Regeln erlaubt uns heute einen guten Zugang zu einer ganz anderen Unternehmenskultur, die den einzelnen motiviert, neue Ideen zu entwickeln, mitzudenken und sich Gehör zu verschaffen.

Sehen wir uns einmal die neun Regeln der Schwertkunst (Kendo) des Miyamoto Musashi näher an:

1. Habe nie arglistige Gedanken.

2. Übe dich unablässig darin, dem Weg zu folgen.

3. Mache dich vertraut mit allen Techniken und Künsten.

4. Studiere die Wege vieler Tätigkeiten und Berufe.

5. Lerne in allen Dingen, Gewinn und Verlust zu unterscheiden.

6. Entwickle deine Fähigkeit, die Dinge auf den ersten Blick zu durchschauen.

7. Bemühe dich, das Wesen auch dessen zu erkennen, das unsichtbar bleibt.

8. Vernachlässige nie deine Aufmerksamkeit auch gegenüber den kleinsten Dingen.

9. Halte dich nicht mit nutzlosen Beschäftigungen auf.

Beleuchten wir diese neun Kendo-Regeln jetzt einmal im Lichte des modernen Geschäftsstils von heute:

### Habe nie arglistige Gedanken

Stellen wir uns einmal vor, ein Mensch hätte bei der nächsten Entscheidung, die er zu treffen hat, und sei sie noch so klein, nicht ausschließlich seinen eigenen Vorteil im Visier und könnte gewissermaßen aus sich heraustreten, um eine neue Objektivität zu erleben. Die Frage ,,Na und, was habe ich davon?'' würde also bei Entscheidungen wegfallen und der Frage Platz machen:

„Was ist richtig?" Sie merken sicher, daß eine solche Geisteshaltung auch durchaus gegen die eigenen persönlichen Interessen arbeiten kann. Und das ist die große Schwierigkeit:

*Das eigene Ego überwinden, indem ich die Arglist in den eigenen Gedanken erkenne, die immer nur dem Mitarbeiter helfen will, der mir am nächsten steht: mir selbst!*

Man hilft anderen am besten dabei, sich zu motivieren, wenn man sich selbst frei machen kann von ego-zentrierten Gedanken.

### Übe dich unablässig darin, dem Weg zu folgen

Warum ist jemand Sänger, etwa um ein Lied zu singen? – Nein, er ist Sänger, um ein besserer Sänger zu werden!

Warum ist jemand Maler, etwa um ein Bild zu malen? – Nein, er ist Maler, um ein immer besserer Maler zu werden!

Warum ist jemand Verkäufer, etwa um ein Produkt zu verkaufen? – Nein, er ist Verkäufer, um ein noch besserer Verkäufer zu werden!

Warum ist jemand Chef? Führungskraft sein ist ein Weg!

Jetzt könnten manche Führungskräfte oder überhaupt jeder Berufstätige natürlich sagen: „Was denn, ich mit meinen 30 Jahren Berufserfahrung soll noch besser werden? Habe ich das denn nötig?"

Die eigentliche Frage lautet nicht, wer was nötig hat, sondern sie heißt: „Wer möchte welche Ziele noch erreichen?" Zugegeben, wer einen Spaziergang durch den Wald machen möchte, muß nichts mehr hinzulernen. Wer aber das Matterhorn besteigen will, der ist gut beraten, wenn er trainiert.

Die eigentliche Frage lautet also: „Welche Ziele habe ich noch vor mir, die zu erreichen sich für mich lohnen?"

Welchen Weg verfolgen Sie? *Wofür tun Sie das alles? Wie heißt Ihr Weg?*

„Das Problem ist größer als ich dachte –
Ihre Batterie braucht ein neues Auto."

## Mache dich vertraut mit allen Techniken und Künsten

Wenn wir unser Leben einmal einteilen: in den Bereich dessen, was wir können, und in den, was wir nicht können – welcher Bereich ist wohl der größere?

Die Antwort ist klar: *Was wir nicht können, ist immer das meiste.* Das gilt auch für die Techniken und Künste des eigenen Spezialgebietes.

Es gibt Fachleute, die können in einem Seminar drei Tage und Nächte über Schokolade / über Aufzüge / über Kaffee / über Autos / über Häuser oder Briefmarken reden. Das meiste aber wissen sie nicht! Das gilt auch für das sensible Gebiet der Motivation.

Es muß ein offenes Lernklima im Management herrschen, nur so kommt das Team weiter. Lerner bleiben! Anfängergeist behalten! Das muß Ihre Devise sein. Es ist nicht schlimm, daß wir vieles nicht wissen – schlimm ist nur, daß wir vieles wissen, das heute nicht mehr stimmt! Dieses Wissen verdoppelt sich alle paar Jahre. Wer nicht bereit ist, Neues zu lernen, ist samt seinem Wissen bald „von gestern".


## Studiere die Wege vieler Tätigkeiten und Berufe

Warum träumen so viele Menschen von Job-Rotation? Aber es bleibt eben oft wohl nur ein Traum. Aber wir spüren es. Eigentlich sollten wir mehr verstehen, um Verständnis zu haben für die Probleme anderer.

Offen bleiben – sich Rat holen (auch von Jüngeren) – sich mit Leuten umgeben, die schlauer sind als man selbst (auf anderen Gebieten). Wir nennen es in diesem Zusammenhang: das „Tony-Syndrom". Was dahinter steckt, verdeutlicht ein Beispiel:

Der Trainer einer Basketballmannschaft erklärt vor einem wichtigen Spiel einen taktischen Spielzug mit Hilfe einer Magnettafel. Er stellt die bunten Magneten in allen Varianten des

„Meine Bank will wissen,
wie die Zukunft meines Unternehmens aussieht."

Spielverlaufes zueinander auf. Dann schaut er seinen besten Spieler an und fragt ihn: ,,Tony, alles klar?"

Tony ist zwar der stärkste Spieler im Team, aber intellektuell nicht gerade der hellste. Tony stutzt, zuckt mit den Schultern und antwortet: ,,Nee, ich versteh nicht, was du meinst." ,,Oh", sagt der Trainer, ,,vergiß es! Wir spielen wie letzten Samstag."

Das Team kann nur spielen, was auch Tony verstanden hat. In jedem Team gibt es einen Tony. *Manchmal sind wir selbst der Tony!* Es kommt immer auf das Thema an, um das es sich dreht. Motivation braucht auch das Verständnis der Sache, und das können wir täglich in vielen Bereichen erweitern.


## Lerne in allen Dingen, Gewinn und Verlust zu unterscheiden

Oft sind Entscheidungen schwierig. Man wünscht sich eine Glaskugel, in der sich sehen ließe, wem man trauen kann und was passiert, wenn man sich für eine Alternative entscheidet. Manchmal denkt man, es wäre besser, gar nichts zu unternehmen. (Dummerweise geschieht dann aber auch meistens irgend etwas.)

Wer Sieger im Gespräch war, hat oft das Geschäft verloren.

Der Satz: ,,Dem hab ich's gegeben", berücksichtigt nicht, daß man sich immer zweimal im Leben begegnet.

,,Das hat keiner gemerkt." Aber berücksichtigen Sie: Das Schicksal ist ein guter Therapeut!

Gandhi hat eine ganze Weltmacht in die Knie gezwungen – gewaltlos! Da müßte es uns doch gelingen, wenigstens Gewinn und Verlust zu unterscheiden. Oh, wenn das doch nur so einfach wäre!

Gewinn motiviert, also stellen wir die Weichen rechtzeitig auf Gewinn. Das klingt einfach, gehört aber tatsächlich zu den schwierigen Übungen im Geschäftsleben. Und was wie ein Gewinn aussieht, kann ganz schnell zu einem Verlust werden. Aber die Sache hat auch einen guten Aspekt: *Jeder Verlust trägt bereits den Keim für einen Gewinn in sich.* Wenn das nicht motiviert?!

„Erst war ich drei Wochen krank, dann hatte ich Urlaub.
Jetzt bin ich aus der Kur zurück und sitze in 314 —
zweiter Gang links, erste rechts."

## Entwickle deine Fähigkeit, die Dinge auf den ersten Blick zu durchschauen

Wer etwas in sich ent-wickeln möchte, der muß erst einmal verwickelt gewesen sein. Aber keine Sorge, *wir alle sind im täglichen Leben so sehr ver-wickelt, daß eine Ent-wicklung immer möglich ist.*

Einige dieser Verwicklungen, an denen wir teilhaben, sind uns bewußt: Pläne, die es gerade vorzubereiten gilt — Intrigen, denen wir geschickt entkommen möchten — Spiele der Erwachsenen (nach Eric Berne), an denen wir beteiligt sind — Zukunftspläne, deren Realisierung ein strategisches Vorgehen bedingen ...

Andere Spiele, Affären, Nebenschauplätze, Enttäuschungen und Anbahnungen sind uns nicht bewußt, obwohl wir darin verwickelt sind.

Schauen wir im eigenen Leben zurück, so wird uns bald klar, an welchen Punkten wir falschen ,,Freunden'' getraut haben, wo wir uns völlig überflüssigerweise abgestrampelt haben — und warum das alles? Die Antwort gibt der Titel dieses Abschnitts.

Ein persönliches Erlebnis hat mir bei einem Managementtraining mit dem Teakwondo-Großmeister Alfred Gehlen die Augen geöffnet.

Ich sollte gegen Alfred antreten und kämpfen. Ich war ein absoluter Anfänger und blutiger Laie, Alfred besaß den höchsten Meistergrad. Das Ganze wurde auf Video gefilmt. Was ich da anschließend sah, war Peter Stemmann in Reinkultur, ein wurschtelnder, arbeitender, schwitzender Tollpatsch, der wie ein Terrier auf seinen Gegner losrannte. Und Alfred? Was machte Alfred? Nichts! Er lächelte und verwickelte mich in meinen eigenen Schwung! Wie oft hatte ich in über 20 Jahren Industrieerfahrung genau so und viel zu früh gekämpft? Plötzlich ahnte ich, was diese 6. Regel des Miyamoto Musashi meinte.

,,Kämpfen, wo es lohnt.''

## Bemühe dich, das Wesen auch dessen zu erkennen, das unsichtbar bleibt

Heute sprechen Fachleute vom ,,mimetischen Marketing", was praktisch angewandt bedeutet: Stelle dich in die Schuhe dessen, den du überzeugen willst.

Plato nannte das vor zweieinhalbtausend Jahren: Sei altero-zentriert, was das Gegenteil von ego-zentriert bedeutet.

Die modernen NLP-trainierten Verkäufer sprechen von ,,Rapport" und ,,Pacing", was meint: Beobachte genau, was geschieht, und stelle dich im eigenen Verhalten darauf ein.

Thorwald Dethlefsen bringt das auf die klare Formulierung: *,,Eigentlich gibt es nichts weiter zu lernen als Sehen.* Wir müssen sehen lernen."

## Vernachlässige nie deine Aufmerksamkeit auch gegenüber den kleinsten Dingen

Es ist nicht so, daß kleine Dinge eine geringere Rolle spielen, weil sie klein sind. Es ist nur manchmal so, daß wir die Sprache der Symptome an den Kleinigkeiten nicht beachten.

Die Augen sind der Spiegel der Seele – sagt man. Aber ohne ein brauchbares Erkennungs-Modell kann ich nun mal nichts im Spiegel erkennen. Das ist bestimmt ein Grund, warum das Neurolinguistische Programmieren (NLP) eine wichtige Bedeutung in der Deutung menschlichen Verhaltens bekam.

Wer achtsam ist, auch gegenüber den kleinen Dingen, der merkt, daß es keineswegs egal ist, wenn in China ein Sack Reis umfällt. *Alles spielt eine Rolle, auch wenn uns das nicht immer gleich bewußt ist.*

„Wollt Ihr wohl laufen – Ihr faulen Penner, Ihr!"

# Halte dich nicht mit nutzlosen Beschäftigungen auf

Wer will mir schon sagen, was nutzlos ist und was nicht? Die innere Stimme! Sonst niemand.

Der Häuptling der Südseeinsel Samoa, ein Mann namens Tuiavii, erlebte als Erster seines Stammes unsere Zivilisation und hat darüber einige Reden an sein Volk geschrieben. Gehalten hat er diese Reden nie, aber wir können sie nachlesen. (Siehe Literaturhinweise: Der Papalagi.)

„Der weiße Mann spricht mit einem Kasten!" sagte er.

Tuiavii hat leider recht. Wir reden mit unserem Kasten. „Tor! Tor!" oder „Nun guck mal, hast du das schon wieder gesehen!" oder „Das sollten die mal mit mir machen, denen würde ich aber ... ist noch'n Bier da?"

Wenn Fernsehen oder Zeitunglesen zum geisttötenden Zeitvertreib werden und wir nicht mehr wissen, was denn nun eigentlich Realität ist, dann ist auch unsere innere Stimme da!

*Natürlich wissen wir, daß in der Welt immer gerade soviel passiert, daß man damit eine Tagesschau füllen kann! Oder?*

„Der weiße Mann hat einen Beruf." Jeder hat einen. Ein Beruf ist etwas, das man jeden Tag immer wieder tut und zu dem man Lust haben sollte. Aber der weiße Mann hat keine Lust dazu, und tut es trotzdem. Das konnte Tuiavii überhaupt nicht verstehen. Verstehen Sie das?

Nur wer diese neun Regeln des Kendo befolgt, ist ein wahrer Meister. Vielleicht sind Sie ja bereits ein Meister in der sinnvollen Gestaltung des eigenen Tages — dann sind Sie zu beglückwünschen.

Vielleicht sind Sie auf dem Weg zur Meisterschaft, und das, was Sie tun, ist ihr Übungsfeld — dann sind Weg und Ziel identische Begriffe für Sie. Auch das ist typisch für eine Meisterschaft.

Wir kamen über das betriebliche Vorschlagswesen (BVW) zu den Regeln der Schwertkunst. Offensichtlich brauchen wir eine formelle Institution, um kreativ zu sein. Das ist aber nur eine

Möglichkeit der Unternehmensentwicklung. Welch frischer Wind weht doch durch unsere verkrustete Denke, wenn wir uns klaren Bewußtseins auf den meisterlichen Weg begeben, und erkennen, daß die Regeln nur für einen gelten: für uns selbst!

   PS: Wenn dies eines Tages eine unternehmerische Geisteshaltung wird, dann braucht man kein betriebliches Vorschlagswesen mehr.

# Die Mitarbeiter-Beurteilung als Motivationsinstrument

Nehmen wir einmal an, Sie wollten einen Mitarbeiter beurteilen. Dazu hier zwei unterschiedliche Personenbeschreibungen, wie sie Mitarbeitern entsprechen, die in jedem Unternehmen vorkommen: Ein Mitarbeiter ist fleißig, freundlich zu Kollegen, macht gelegentlich Fehler, verursacht Reklamationen, gehört zum Durchschnitt.

Der andere Mitarbeiter ist schon lange im Unternehmen, ist fachlich kompetent, hatte in letzter Zeit Streit mit Kollegen, hat kaum kreative Ideen, war erst krank, dann auf Kur.

Welchen Mitarbeiter würden Sie fördern? Welcher ist der bessere? Es gibt Dinge im Leben, bei denen wir die Wahl haben — hier haben wir jedoch keine Wahl. Es handelt sich nicht um zwei verschiedene Mitarbeiter, sondern um ein und denselben. Nur einmal so betrachtet und einmal anders.

Wie groß schätzen Sie die Chance ein, von drei verschiedenen Personen eine gleiche Beurteilung eines Mitarbeiters zu bekommen? Die Chance geht gegen Null! Wer sich bei der Beurteilung anderer auf sein eigenes Urteil verläßt, setzt sich der Gefahr aus, zu ver-urteilen. Jeder, also auch Sie und ich, betrachten andere erst einmal durch unseren eigenen Filter. Unsere eigenen Vorstellungen von dem, was ist, und von dem, was sein sollte, beeinflussen unser Denken. Diese Vor-stellungen, die wir haben, heißen deshalb so, weil sie vor-gestellt sind. Vor die Wirklichkeit gestellte Annahmen, Bilder, Prinzipien und Wertevorstellungen machen andere zu dem, den wir sehen wollen, nicht zu dem, der er ist. So wird Be-urteilung sehr leicht zu Ver-urteilung. Wie aber können wir unsere subjektive Sicht objektivieren?

Dieser objektiveren Sicht ein wenig mehr zum Dasein zu verhelfen, darum soll es uns jetzt gehen. Es geht darum, Mitarbei-

„Das Büchlein, das ich Ihnen im Namen der ganzen Abteilung
für Ihre mit Ach und Krach bestandene
Kaufmanns-Gehilfenprüfung überreichen darf, trägt den Titel:
*Gehirn-gerechtes Lernen!*"

terbeurteilung zu dem zu machen, was sie sein könnte: ein effektives Führungsinstrument zur Förderung des Mitarbeiters – und somit des Geschäftserfolges! Eine Mitarbeiterbeurteilung sollte dazu dienen, dem Mitarbeiter zu helfen, über seine Talente, Stärken, Neigungen zum „Weltmeister" zu werden – und somit seinen größtmöglichen Beitrag zum Unternehmenserfolg zu leisten.

Das im Mitarbeiter schlummernde Potential zu wecken und zu aktivieren – und damit eine energetisierende Dynamik im Unternehmen freizusetzen, das sollte Ihr Ziel als Manager sein.

*Managen heißt: Menschen fördern und nicht Dinge anordnen.* Aber wie geht das? Wäre das eine einfache Übung, bräuchte es sicher keine Formulare, um regelmäßige Beurteilungsgespräche zu führen. Auch die größten Unternehmen mit den bestbezahlten Führungskräften besitzen strukturierte Mitarbeiter-Beurteilungs-Systeme zur gerechten Gehaltsfindung. Viele Manager merken es noch nicht einmal, daß auch diese Systeme den Mitarbeiter eher ver- als be-urteilen, weil Ihre Charaktereigenschaften bewertet werden, anstatt ihre Leistung und Wirkung zu reflektieren.

Mitarbeiterbeurteilung ist ein Bewußtwerdungsprozeß! Betrachten wir die Sache einmal unter dem Licht der unabänderlichen psychologischen Naturgesetze im zwischenmenschlichen Verhalten.

**Erste psychologische Erkenntnis für die Mitarbeiterbeurteilung**

*Aus der Sicht eines Mitarbeiters ist jedes Gespräch mit seinem Vorgesetzten ein Beurteilungsgespräch!* Jedes! Das würde ja heißen, wenn ich mit einem Mitarbeiter ein Bier trinken gehe, und wir unterhalten uns ganz privat, wäre ja auch das ...? So ist es! Auch das ist (aus der Sicht des Mitarbeiters) ein Beurteilungsgespräch.

Wenn das stimmt, dann gäbe es ja gar kein anderes, als ein Beurteilungsgespräch zwischen Chef und Mitarbeiter? So ist es tatsächlich. Es stimmt – leider! Leider, weil sich viele Beteiligte (Chef und Mitarbeiter) darüber noch nie Gedanken gemacht haben. Unbewußt beeinflußt diese Gesetzmäßigkeit jedoch jeden von uns, unabhängig, welche Rolle wir im Unternehmen übernommen haben.

So gesehen, ist ein Mitarbeitergespräch ein Lernprozeß für beide Beteiligte. Daß man für diesen Lernprozeß gute Lehrer und gutes Know-how benötigt, das versteht sich von selbst.

## Zweite psychologische Erkenntnis für die Mitarbeiterbeurteilung

*Das wichtigste Bild des Mitarbeiters liefert der Mitarbeiter selbst!*
,,Ja, soll denn der Mitarbeiter selbst sagen, was er von sich hält, wie er sich sieht?'' werden Sie sich fragen. ,,Genau das!'' lautet die Antwort. Wenn das geschieht, besteht dann nicht die Gefahr, daß ein Mitarbeiter sich viel zu gut beurteilt? Die Antwort ist genauso einfach wie verblüffend: Diese ,,Gefahr'' besteht nicht, weil wir unser Licht bei einer Beurteilung grundsätzlich lieber unter den Scheffel stellen. Das hat einen einfachen psychologischen Grund: Wir wollen gelobt werden!

Am liebsten hören wir von Vorgesetzten, daß sie uns positiv sehen (positiver, als wir es zugeben mögen), daß sie uns schätzen, daß sie froh sind, so einen Mitarbeiter überhaupt in ihrem Team zu haben, ja, daß wir als Person den Durchschnitt deutlich anheben.

Das ist Musik für unsere Ohren. Nehmen wir jetzt einmal an, daß das gar nicht stimmt, daß ein Chef völlig übertrieben positiv darstellt, wer wir sind. Nehmen wir das ruhig einmal an. Was würden wir diesem Chef wohl lieber beweisen? Das er recht oder daß er unrecht hatte mit seiner positiven Darstellung?

## Dritte psychologische Erkenntnis für die Mitarbeiterbeurteilung

Jeder Mitarbeiter hat zu jeder Zeit ein Bild von seinem Chef, das die Kommunikation und die Arbeitsqualität beeinflußt.

,,Das soll doch wohl nicht heißen, daß der Mitarbeiter auch seinen Chef beurteilen soll", denken Sie jetzt wohl. Aber ja! Das ist ganz wichtig! Er tut es sowieso! Was denken Sie, ist es wohl besser, die hervorragende Meinung der Führungskraft über sich selbst zu kennen oder die vorgefaßte Meinung, mit der ein Mitarbeiter ihm begegnet?

Menschen beeinflussen sich immer auch gegenseitig. Es ist eben nicht egal, was ein Mitarbeiter über seinen Chef denkt. *Manchmal haben Vorgesetzte einen Spitznamen im Unternehmen – und sie selbst kennen den gar nicht!* Der Personalleiter eines Großimporteurs wurde in der ganzen Firma nur ,,der lächelnde Tod" genannt. Der Abteilungsleiter einer Bildungseinrichtung hieß intern nur ,,Buster Keaton". Obwohl so unterschiedlich, haben beide doch eines gemeinsam, sie wissen beide nicht, was die Mitarbeiter über sie denken.

Der Inhaber einer Agentur zeigte mir einmal ein Gruppenfoto, auf dem alle Mitarbeiter zu sehen waren. Für jeden hatte er eine spitze Bemerkung parat. Auf die Frage, welches Image er selbst denn in der Firma wohl habe, sagte er mir: ,,Ja, wenn ich das wüßte. Die denken ja noch nicht einmal leise, geschweige denn laut." Wäre er bei uns Chef gewesen, wir hätten ihn ,,den Ahnungslosen" genannt.

Betrachten wir nachfolgend einmal die beiden extremen Möglichkeiten, das Mitarbeiter-Beurteilungsgespräch frustrierend oder motivierend zu gestalten.

## Die Frustrations-Variante

– Sorgen Sie dafür, daß gleich in der Sitzordnung klar wird, wer hier der Chef ist.

– Sagen Sie ehrlicherweise gleich, daß Sie wenig Zeit haben, und kommen Sie deshalb gleich auf den Punkt.

– Nennen Sie gleich zum Einstieg konkrete Fehler, die Ihr Mitarbeiter verursacht hat.

– Lassen Sie sich auf keinen Fall auf lange Erklärungen seitens des Mitarbeiters ein, was ohnehin nur Rechtfertigungscharakter hätte.

– Bieten Sie Kaffee und Zigaretten an, und schließen Sie die Fenster. Das schwächt zusätzlich.

## Die Motivations-Variante

– Bieten Sie Tee an. Das stärkt.

– Achten Sie auf gutes Licht und gute Luft. (Neonlicht schadet.)

– Kalkulieren Sie genügend Zeit ein.

– Lassen Sie den Mitarbeiter sagen, wie er sich sieht.

– Sprechen Sie in der „Wir-Form". Ein „Sie-ich-Dialog" wirkt lehrerhaft.

– Erwischen Sie Ihren Mitarbeiter dabei, daß er etwas gut gemacht hat!

– Ziele sind nicht heilig. Analysieren Sie auch Wandlungsprozesse.

– Die Lob-Tadel-Technik wird heutzutage durchschaut. Sprechen Sie Anerkennung nur aus, wenn sie ehrlich gemeint ist. Vermeiden Sie jegliches Taktieren.

- Beurteilung ist ein gemeinsamer Lernprozeß. Alles andere ist Verurteilung.

- Bleiben Sie konkret, mit gemeinsam festgelegten Zielen!

- Führen Sie das Gespräch auch mit einem Mitarbeiter, der die Firma auf eigenen Wunsch verläßt. Das bringt häufig einen guten Fundus für die zukünftige Personalarbeit.

Natürlich wollen wir hier der zweiten Variante zum Durchbruch verhelfen, weil sie ganz natürlich ist und weil diese Art des Umgangs mit Menschen eher unserem Menschsein entspricht als jede Gesprächstechnik.

Wir alle wünschen uns einen starken Chef! Aber woran messen Mitarbeiter die Stärke ihres Vorgesetzten? Etwa an der Art, wie er es wagt, mit ihnen zu reden? Nein, daran gerade nicht!

*Ein starker Chef ist der, der sich ehrlich um die Förderung seiner Mitarbeiter bemüht.*

Wenn Mitarbeiter sich auf das Gespräch mit dem Vorgesetzten freuen, dann stimmt da etwas! Oder kennen Sie einen besseren Grund für ein Beurteilungsgespräch als Spaß? Ein gutes Gespräch macht Spaß – wir wünschen Ihnen viel Spaß!

# Das Sündenbock-Syndrom

Kennen Sie jemanden, der bei einem Unternehmen arbeitet, dem es zur Zeit nicht besonders gut geht (etwa einer Firma mit Absatzschwierigkeiten, oder einem Unternehmen in rezessiven Märkten, oder einfach einem Betrieb im Preiskampf mit Billiganbietern)?

Haben Sie schon jemals gehört, daß ein führender Mitarbeiter einer derart geschwächten Firma, eine Mit-Verantwortung für die Unternehmenssituation auch bei sich selbst suchte? Wieso, um alles in der Welt, kennen die meisten Betriebsangehörigen die außenliegenden Gründe für schwache Geschäfte sehr genau? Wieso wird jedoch selten eine Eigenbeteiligung an den Unternehmensschwierigkeiten entdeckt?

Die Antwort hat etwas mit dem ,,Sündenbock-Syndrom" zu tun, das wir hier etwas näher untersuchen wollen.

Ein Hersteller hat Probleme, weil seine Produkte gegenüber denen der Konkurrenz veraltet sind. Gut, einer muß ja schuld sein: die Entwicklung! Ein anderer Hersteller hat Probleme, weil die ausgelieferte Qualität nicht stimmt. Gut, einer muß ja schuld sein: die Produktion. Ein anderer Hersteller könnte Probleme bekommen, weil die Umsatzzahlen zurückgehen. Auch für diesen Fall muß einer schuld sein: der Verkauf!

Also, was tun? Man trennt sich von dem Menschen, der den problembehafteten Bereich leitet. Im letzteren Beispiel ist es der Verkaufsleiter. Wir nennen das: ,,das Jungfrauenopfer"!

*Seit jeher opfern wir Menschen in Krisenzeiten den Göttern das, was wir am nötigsten brauchen.* Aus der Mythologie wissen wir, daß auf dem Opferaltar den Göttern oft eine Jungfrau dargebracht wurde. Oder haben Sie schon einmal gehört, daß man eine alte Frau geopfert hätte? Damit sind die Götter offenbar nicht gnädig zu stimmen. Also trennen wir uns (schweren Herzens) von dem, was uns eigentlich am wertvollsten ist.

„... darf ich Ihnen unseren langjährigen Verkaufsleiter vorstellen, dessen Nachfolger Sie werden sollen."

Das mag allen Verkaufsleitern wohl zur Ehre gereichen, die in Krisenzeiten gefeuert, abgefunden, entlassen, oder pardon: geopfert wurden. Sie sind die wahren Helden, deren seitliche Arabeske (ins Aus) dem Unternehmen hoffentlich eine Schicksalswende ermöglicht hat.

Für eine Weile ist die ganze Negativ-Energie, die in der Krise entstanden ist, kanalisiert und abgeladen. Dieser eine Sündenbock vereint nun alle Versäumnisse, längst überfälligen Entscheidungen und nicht ausgelösten Veränderungen auf seine Person und macht durch sein Abtreten den Weg frei für „neue Zeiten". Leider ist der Wirklichkeit durch solche Gauklermanieren kein Schnippchen zu schlagen.

Das „Sündenbock-Syndrom" hat also zwei Aspekte. Der erste Aspekt ist der, wie der einzelne die Zusammenhänge sieht. Der zweite Aspekt ist, wie der einzelne im Zusammenhang gesehen wird.

Daß wir als Individuum die Sicht aus uns heraus bevorzugen, ist nur allzu verständlich. Es befreit uns aber nicht von der Tatsache, daß wir auch ein Teil des Geschehens sind. Wer aber verdient denn nun wirklich den Titel „Sündenbock", weil er als Person die Schuld an den problematischen Geschehnissen zu tragen hat? Einer muß doch versagt haben.

Diese Annahme, daß ein einziger Mensch im Unternehmen das Zentrum der Schwierigkeiten repräsentiert, ist falsch. Er ist ein typisches Symptom für „Abteilungsdenken". Wir unterteilen eine Firma in Aufgabenbereiche – und glauben nur zu leicht, daß die Summe der Abteilungen wieder ein Ganzes, nämlich die Firma ergibt. Wie sollte aber etwas „ganz sein", was ab-geteilt wurde. Ab-teilungen sind per nomen von der Ganzheit abgeteilte Bereiche.

Daß wir geneigt sind, die Ursachen unserer Unternehmenskrisen dort zu sehen, wo sie sich für jeden sichtbar manifestieren, ist ein gefährlicher Irrtum. Es ist ein Irrtum, weil wir glauben, mit der Beseitigung des Repräsentanten einer Schwachstelle die Ursachen behoben zu haben. Und dieser Irrtum ist gefährlich, weil nach dieser fadenscheinigen Problemlösung das Problem unter der Oberfläche weiterschmort. Das wäre gerade so, als würde jemand das blinkende Warnlämpchen für die Ölstandsanzeige ausschalten und glauben, deshalb sei die Ölversorgung des Motors auch wieder in Ordnung. Wir müssen Ihnen nicht sagen, wie unvernünftig ein solches Verhalten wäre.

Die wirkliche Ursache einer Unternehmenskrise ist das, was die Schwierigkeiten bewirkt. Das ist mehrdimensional zu verstehen. Das ist ein Netzwerk von Zusammenhängen im Unternehmen, das wieder zur Ganzheit führt. So gesehen ist es überhaupt nicht egal, wenn eine bestimmte Abteilung Probleme hat. *Entweder alle (!) im Unternehmen haben ein Problem, oder es ist kein Problem.*

In einer Zeit ganzheitlichen Denkens können wir nicht mehr annehmen, daß es egal ist, wenn es in einer anderen Abteilung ,,brennt''. Das ist nicht egal!

Wenn es im Betrieb einen ,,Sündenbock'' gibt, den es zu entlassen gilt, so sollten Sie sich als Entscheidungsträger vorab ein paar Fragen stellen:

— ,,Wieso ist es möglich, in unserem Unternehmen über lange Zeiten hinweg solche Fehlentwicklungen zu steuern, wie diese Person es tat?''

— ,,Was ist das für ein Betriebsklima, das es möglich macht, unfähige Leute in Führungspositionen zu belassen?''

— ,,Wie gehen wir mit Wertvorstellungen um?''

— ,,Wie reagieren wir auf Zivilcourage im Hause?''

— ,,Wie wollen wir miteinander umgehen?''

— ,,Wie lauten unsere Führungsgrundsätze?''

— ,,Welche längst überfälligen Entscheidungen müßten wir endlich treffen?''

— ,,Was könnten wir mit der bestehenden Organisation noch tun, außer das, was wir schon seit jeher tun?''

In Wirklichkeit ist das „Sündenbock-Syndrom" also nichts anderes als ein sicheres Zeichen für einen allgemeinen Unternehmensschlaf.

*Nicht auszudenken, welche Erfolge möglich wären, wenn ein Unternehmen plötzlich aus dem Dornröschenschlaf erwachen würde, anstatt seine besten Leute zu entlassen!*

Hier ein konkretes Beispiel für ein „erwachtes" Unternehmen: Die internationale Unternehmensgruppe UTC (United Technologies Corp.) erkannte eine stagnierende Entwicklung in der Division Aufzüge und Fahrtreppen. Die übliche Reaktion wäre durchaus eine von oben verordnete „Sparwelle" auf der ganzen Linie gewesen. Nicht jedoch in diesem Fall. Anstatt sich zu fragen: „Wo können wir an Gemeinkosten und Personal sparen?", fragte das Unternehmen seine fast siebenhundert Verkäufer im Außendienst: „Was könnten wir mit der bestehenden Büro- und Service-Organisation noch tun, außer Aufzüge und Rolltreppen zu bauen und zu warten?"

Aus den vielen Ideen der Mitarbeiter kristallisierten sich im Entscheidungsfindungsprozeß vier heraus:

1. Verkaufsautomatenservice;

2. Krankenhausversorgungssysteme betreuen;

3. Wartung von Rohrpostanlagen;

4. Pflege von Parkhaus-Einstell-Systemen.

Zwei Bereiche entpuppten sich nach den ersten Versuchen als Flop. Verkaufsautomaten und Rohrpost waren nicht dazu geeignet, vom hochtechnisierten Montage- und Servicepersonal sinnvoll betreut zu werden.

Die beiden anderen Ideen jedoch führten zu derart neuen und erfolgreichen Entwicklungen, daß UTC heute zu den führenden Anbietern und Serviceleistern in den Bereichen automatischer Krankenhausversorgungssysteme und Parkhaus-Einstell-Systeme gehört.

Das unvermeidliche „Sündenbock-Syndrom" wurde hier vermieden durch den Glauben an die Potentiale in den Köpfen der eigenen Mitarbeiter.

Damals geisterte eine Anekdote durch das Haus, die zeigt, was man von der Alternative einer Gemeinkosten-Wert-Analyse hielt. Man erzählte sich, daß die Berliner Philharmoniker eine Unternehmensberatung beauftragt hätten, die Kosten zu senken. So habe man bald festgestellt, das 38 Geiger während der Aufführung die gleiche Melodie spielten – woraufhin empfohlen wurde, 37 davon zu entlassen.

Wohl dem, der im Unternehmen die erste Geige spielt, kann man unter dem Gesichtspunkt des Sündenbock-Syndroms nur sagen.

# Motivieren in der Krise

Mit Recht könnten Sie fragen: ,,Wie ist denn dieses Kapitel gemeint?'' Motivieren in der Krise, das könnte vom Ansatz her sehr verschiedene Themen beleuchten. Dazu gehören die Aspekte: ,,Wie motiviert man seine Mitarbeiter, wenn man selbst in einer Krise steckt?'', oder: ,,Warum haben wir eine allgemeine Motivations-Krise?'', oder: ,,Wie motiviert man seine Mannschaft, wenn es dem Unternehmen nicht gutgeht?''

Das letztere ist in diesem Kapitel unser Thema. Viele Unternehmer wollen, daß ihre Mitarbeiter sich mit ihrem Unternehmen identifizieren. Genau das aber ist häufig die Hürde, die es unmöglich macht, sich selbst zu motivieren!

Nehmen wir es einmal genau so an, wie es sich mancher Unternehmer als Idealfall wünscht: Ein Mitarbeiter hat sich ganz mit seiner Firma identifiziert. Wie geht es eigentlich einem solchen Mitarbeiter, wenn es dem Unternehmen schlechtgeht? Die Antwort lautet leider: Wenn es der Firma schlechtgeht, dann geht es diesem Mitarbeiter auch schlecht!

Was für Mitarbeiter braucht eine Firma aber, wenn es ihr einmal schlechtgeht?

Gerade in einem solchen Fall braucht dieses Unternehmen Mitarbeiter, denen es gutgeht, die im Vollbesitz ihrer ganzen schöpferischen Kraft sind. Und die hat der Mitarbeiter nicht, wenn er sich ganz und gar mit dem krisengeschüttelten Unternehmen identifiziert.

Aus diesem Grunde holt man sich gerade in schwierigen Zeiten Dritte von außen. Das sind Berater, Trainer oder Krisenmanager, die den klaren, unabhängigen Blick für die Unternehmenssituation haben können, weil sie sich in keiner Weise mit dem Hause identifizieren. Ärzte wissen das und werden deshalb kein eigenes Familienmitglied operieren. Das macht besser ein Kollege, der mit dem Patienten in keinerlei Beziehung steht.

„Mit diesem Jo-Jo demonstriere ich Ihnen nun das physikalische Marketingprinzip: Je tiefer die Rezession, um so höher der Aufschwung.“

Wie also sollte Motivation in Krisenzeiten aussehen, wenn Mitarbeiter oder Führungskräfte sich mit einem Unternehmen so eng verbunden fühlen, daß ihnen die Krise selbst weh tut?

Motivation in der Krise setzt voraus, daß keine Identifikation vorliegt, die bis an die eigene Persönlichkeit herangeht. Wie aber schafft man diese Trennung, wenn man schon sehr lange für ein Haus tätig ist, oder wenn man selbst der Inhaber ist, oder wenn man stolz ist, für dieses Unternehmen zu arbeiten?

Die Antwort klingt einfach, ist aber eine der schwierigsten Übungen, wenn man es tun soll: Üben Sie loszulassen!

Üben Sie das Loslassen in Zeiten, in denen es nichts loszulassen gibt. Üben Sie das Loslassen mit dem Ziel, die Identifikation in eine Solidarisation zu wandeln. Sich solidarisieren heißt auch: sich vorstellen können, für den größten Konkurrenten arbeiten zu können.

Wie heißt Ihr größter Wettbewerber? Gut, könnten Sie für dieses Unternehmen arbeiten? Oder ist der Gedanke allein schon eine Zumutung?

Denken Sie weiter über die Fragen nach: ,,Wozu brauchen Sie Ihr Unternehmen?" und: ,,Wozu brauchen Sie Ihre Abteilung?"

Bei der Antwort ist Vorsicht geboten, denn nur allzuleicht lassen wir uns dazu hinreißen, davon auszugehen, daß wir das Unternehmen brauchen und daß es umgekehrt uns braucht. In Wirklichkeit *braucht* niemand sein Unternehmen!

Alles, was wir ,,brauchen", ist Teil der eigenen Persönlichkeit, und das aufzugeben wäre Selbstaufgabe. Was aber würde passieren, wenn wir unseren Job nicht brauchten? Nichts Bedrohliches. Ein frischer Wind weht durch die eigene Vorstellung, wenn wir klaren Bewußtseins sind, unser Unternehmen — oder ganz egal was — nicht zu brauchen!

Und hier beginnt die große persönliche Freiheit, wenn Sie mit dieser Haltung für Ihr Unternehmen tätig sind. Denken Sie daran:

Motivation in der Krise
beginnt in guten Zeiten,
in denen das Loslassen
noch eine bloße Übung ist.

Zur Kontaktaufnahme mit diesem Prozeß hier eine kleine, aber wirkungsvolle Übung:

Setzen Sie sich vor Ihre verschlossene Schreibtischschublade. Schreiben Sie eine Liste aller Gegenstände und Vorgänge, die sich Ihrer Meinung nach in dieser Schublade befinden. Nach gutem Überlegen, wenn also die Liste komplett ist, öffnen Sie die Schublade, und nehmen Sie alles heraus, was auf Ihrer Liste steht. Alles, was übrigbleibt, weil es nicht auf der Liste steht: Wegschmeißen!

*Was nicht im eigenen Bewußtsein ist, ist auch nicht im eigenen Leben. Befreien Sie sich augenblicklich von diesem Ballast!*

Und dann − genießen Sie das angenehme Gefühl der Leichtigkeit, und spüren Sie, wie daraus die innere Kraft entsteht, die wir Motivation nennen.

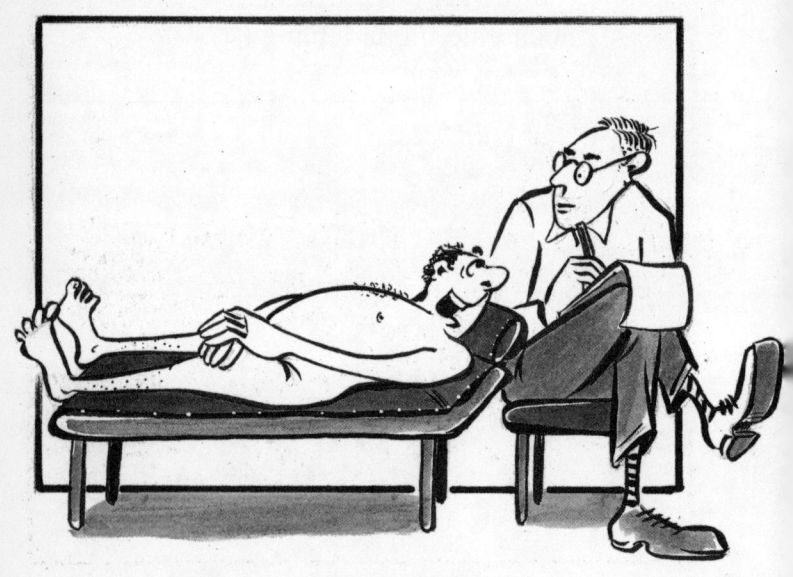

„... und dann hab' ich restlos alles weggeworfen, was ich nicht mehr im Gedächtnis hatte."

# Krankheit als Symptom der Führung

Führungskräfte, mit denen ich die Themen dieses Buches besprach, hielten diese Überschrift für eine Provokation. Das würde ja bedeuten, daß Krankheiten auch durch die Art des Umgangs mit den Mitarbeitern verursacht werden? Das hieße außerdem, daß ein hoher Krankenstand im Unternehmen auf eine allgemeine Führungsschwäche hinweist? Und letztlich liefe das darauf hinaus, daß Chefs ihre Mitarbeiter krank machen?

Ich habe mich deshalb darüber gefreut, wie schnell diese These in den Bereich der denkbaren Möglichkeiten gerückt wurde.

Erst eine spontane Ablehnung, dann eine prüfende Überlegung – und plötzlich die Gewißheit: Ja! Es ist auch so, daß *der Krankenstand ein Barometer der Führungsqualität ist!*

„Schwester, könnte ich vielleicht so gegen Nachmittag ein starkes Schlafmittel bekommen? Mein Chef will mich heute besuchen."

Wenn ein großes Unternehmen einen durchschnittlichen Krankenstand von 18 Prozent hat, dann sind nicht nur 18 von 100 Mitarbeitern zu jeder Zeit krank, sondern dann ist die Motivation auf einem pathologischen Tiefpunkt angelangt. Mit wem sollte man das in erster Linie in Verbindung bringen?

- Mit den Viren, die ein Fünftel der Mitarbeiter überfallen haben?

- Mit den Ärzten, die viel zu schnell krank schreiben?

- Mit den Simulanten, die kein Interesse am Unternehmenserfolg haben?

- Mit den Medikamenten, die gar nicht richtig helfen?

- Mit den Gewerkschaften, die immer weniger Anstrengung vertreten?

- Mit den Führungskräften, die alles falsch machen?

Natürlich macht niemand alles falsch, aber genauso natürlich hat jeder, der Menschen führt, Einfluß auf sein Umfeld. Dieser Einfluß ist es, der, mehr oder weniger bewußt, einen förderlichen oder schädlichen Charakter hat. Wenn der Führungsstil dazu beiträgt, daß die Energien der Mitarbeiter sich zerstörerisch gegen sich selbst wenden, dann macht dieser Vorgesetzte seine Leute krank.

Was heißt eigentlich krank? Aus der Sicht der Welt-Gesundheits-Organisation (WHO) ist Krankheit ein Zustand, bei dem es einem Menschen körperlich, geistig oder seelisch nicht gutgeht.

Aus der Sicht eines Unternehmens ist Krankheit ein Zustand, in dem jemand fehlt, weil er nicht arbeiten kann. Fachleute sprechen deshalb einfach von Fehlzeiten. Wenn wir einen Unternehmer fragen, wie viele Mitarbeiter denn krank sind, kommt erst einmal die Rückfrage: ,,Was meinen Sie? Leute, die vom Arzt krank geschrieben wurden? Leute, die gerade auf Kur sind?

Frauen, die im Mutterschutz sind? Oder auch die, die ohne ärztliche Indikation fehlen – also „blaumachen"? Oder auch die Langzeitkranken, die schon über ein Jahr fehlen?"

In der Beurteilung dessen, was „krank" ist, hat jedes Unternehmen eine eigene Meinung. Der Mutterschutz wird meistens nicht in die „Fehlquote" eingerechnet, aber eben nur meistens – nicht immer.

Wenn wir fragen, „Wie viele Mitarbeiter sind zur Zeit krank?", dann meinen wir: ärztlich für krank befunden, auf Kur, blaumachend oder langzeitkrank. Eben dies sind die Befindlichkeiten, die im Einfluß des „Betriebsklimas" stehen. (Alles andere ist keine typische Chefsache.)

Nehmen wir einmal ein leider nicht alltägliches Beispiel: Ein guter Mitarbeiter kommt am Morgen nicht in den Betrieb. Sofort fragt der Chef sich selbst: „Was habe ich falsch gemacht? Was war mein Beitrag dazu, daß er/sie heute nicht erscheint?" Und ganz schnell kommt dieser Vorgesetzte zu der Erkenntnis, daß er mit einem bestimmten Verhalten dazu beigetragen hat, daß dieser gute Mitarbeiter jetzt fehlt. Er wird also sein Verhalten ändern, soweit ihm das möglich ist. Das wäre „Training on the Job"!

Ein anderes Beispiel: Ein guter Mitarbeiter kommt nach einigen Tagen „krankfeiern" wieder ins Büro. Bevor die übliche Routine das Geschehen wieder zudeckt, geht der Vorgesetzte erst einmal zu ihm und bietet ihm ein Gespräch an. Er stellt Fragen, die das Feld für eine neue Motivation bereiten sollen: „Was ist Ihnen in den Tagen des Krankseins bewußt geworden, wovon wir hier in unserem Bereich profitieren könnten?" „Was sollten wir beachten, um ab jetzt ein besseres Klima zu haben?" „Welches Buch empfehlen Sie mir zu lesen?" „Was würden Sie hier ändern, damit wir besser arbeiten könnten?" Das wäre der Chef als Coach seiner Mannschaft!

Noch ein Beispiel: Ein guter Mitarbeiter schleppt sich pflichterfüllend durch den Tag. Jeder sieht aber, daß er nicht ganz fit ist. Im selben Augenblick, als der Chef dies bemerkt, geht er auf ihn zu und sagt: „Wissen Sie was, am besten wäre es, Sie nehmen die Akte einmal mit nach Hause und schauen sich den Fall in Ruhe an. – Jetzt gleich! Ja! Ob Sie nun hier oder zu Hause den Fall lösen, wichtig ist doch, daß Sie eine gute Lösung finden." Das wäre der Vorgesetzte als Pate seines Teams!

Und als letztes Beispiel: Dem Vorgesetzten selbst geht es einmal nicht so gut. Er spielt aber nicht den großen Star im Management, sondern sagt seinen nächsten Mitarbeitern, daß er sich regenerieren wird und deshalb die Sauna dem Sitzungssaal vorzieht. Das wäre der Chef als Mensch!

Oder wie wäre es mit diesem Beispiel: Sie lieber Leser, ja, Sie! Also, Sie stehen im nächsten Meeting um Punkt 17.00 Uhr auf und sagen ruhig zu allen Anwesenden, daß Sie jetzt gehen, weil die Sitzung bis 17.00 Uhr angesetzt war, und Sie Ihrer Frau versprochen haben, heute abend zu Hause zu sein. Das wäre für so manche Firma ein Impuls für einen längst überfälligen Bewußtseinswechsel. Das wäre gelebtes Charisma!

Was wäre eigentlich, wenn wir die Kausalitäten einmal bewußt umdrehen würden, die Symptome nicht abwarten, sondern unnötig machen würden?

- Wir würden die Viren mit unserem guten Geist überfallen!

- Wir würden Ärzten helfen, langsam (in Ruhe) krank zu schreiben!

- Wir würden in Simulanten auf einmal Entrepreneure erkennen!

- Wir würden unsere Selbstheilungskräfte aktivieren!

- Wir würden Gewerkschaftler sehr persönlich, als Gewerk„schaffer" begreifen!

- Wir könnten als Führungskraft endlich alles falsch machen!


Krankheit als Symptom der Führung zu verstehen ist demnach nichts anderes, als die Sprache der Symptome zu begreifen. Wir sprechen diese Sprache alle – aber verstehen wir sie ...? Dolmetschen Sie die Fehlzeiten in Ihrem Team! Beachten Sie besonders die Literaturhinweise zum Thema „Krankheit" am Ende dieses Buches. Hier liegt ein Schlüssel zum Verständnis der Fehlzeiten im Betrieb und auch Ihrer persönlichen Krankheiten.

# Incentive und Event: Einmal anders motivieren

Wie wohl jeder Manager und Verkäufer weiß, bedeutet „Incentive" nichts anderes als „durch wirtschaftspolitische (meist steuerliche) Maßnahmen ausgelöste Anreizeffekte zu erhöhter ökonomischer Leistungsbereitschaft" (Duden).

Bei der praktischen Umsetzung dieser Motivationsveranstaltungen sind Chefetagen, Vertriebs- und Marketingbereiche unglaublich kreativ − solange ihr Budget dafür ausreicht. Zu den Incentive-Attraktionen gehören Reisen in ferne Länder − mit Programm, versteht sich. Vom Paraglidingkursus in den Alpen bis zum Motorschlittenrennen in Grönland wird alles aufgeboten, was Mitarbeiter motiviert. Wildwasser-Rafting in Südfrankreich oder eine Floßfahrt auf der Isar werden höchstens noch für einen Betriebsausflug gebucht, wie auch Bali oder Hawaii ganz nett sind, aber im nächsten Jahr leicht übertroffen werden können.

Außergewöhnlich bis verrückt darf es zugehen, wenn Verkaufs- oder Führungsmannschaften motiviert werden sollen. Incentive ist zwar teuer − aber „keine Motivation ist teurer", lautet die Devise.

Warum nicht einmal ein altenglisches Schloß mieten und während des Essens Zeuge eines „echten" Mordes werden. Die gemieteten Schauspieler mimen alles perfekt: Vernehmung, Polizeieinsatz, Kommissar im Trenchcoat. Jeder Teilnehmer ist als Mörder verdächtig (wer sollte auch ein Alibi haben?) und ist voll in den Fall integriert. Sogar die Leiche hat jeder gesehen.

Warum nicht einmal ein ganzes Bundesliga-Fußballspiel kaufen? Alle Karten kaufen und an Kunden und Mitarbeiter günstig weitergeben. Das ganze Stadion in eine firmenspezifische Werbefläche verwandeln und mit etwas Glück ... berichtet das Fernsehen in den Nachrichten darüber. Das ist ein gelungener „Event"! Gratulation den mutigen Vorständen, die gegen bes-

„Haben Sie etwa auch an der Incentive-Reise mit dem idiotischen Bungee-Springen teilgenommen?"

sere Beratung solche mutigen Entscheidungen treffen und damit mindestens so kreativ sind wie ihre Agenturen.

Eines haben diese mutigen, unvergeßlichen, verrückten und unglaublichen Incentives und Events gemeinsam. Sie gehören zu einem Trend, der dem Zeitgeist der 80er Jahre entsprach: Innovation!

Seit den 50er Jahren haben sich die Trends in etwa jede Dekade abgewechselt — auch in der Wirtschaft.

1950: Der Wiederaufbau;

1960: das Wirtschaftswunder;

1970: die Sozialreform;

1980: die Innovation.

Was kommt dann? Wir wissen es, wir sind mitten drin: Das Bewußtsein. Wir befinden uns nun in den 90er Jahren. Es geht um Information und Kommunikation, es geht um die hellwache Wahrnehmung der Wirklichkeit. Bewußtwerden lautet der neue Trend. *Aufwachen, wahrnehmen, intelligent fragen ist der Mega-Trend* bis zum Ende des Jahrtausends.

Motivation in unserer Zeit braucht eine neue Qualität — das denken viele aufgeklärte Führungskräfte, die festgestellt haben, daß sich ihre Mitarbeiter nur noch bedingt durch die üblichen Gehaltserhöhungen motivieren lassen.

*Motivation durch Erlebnis, Wettbewerb und Veranstaltung stehen in unserer Zeit im Mittelpunkt des ,,Lernens''.* An einem herausragenden Beispiel wollen wir diese neue Lern-Incentive-Kultur einmal in seiner tieferen Sinnhaftigkeit darstellen.

Bitte folgen Sie uns in Ihrer Phantasie jetzt einmal 422 Meter senkrecht in die Tiefe unserer Erde. Unser Führer ist Wolfgang Borges, Montanhistoriker und Direktor des Niedersächsischen Bergbaumuseums der Silbergrube Lautenthals Glück im Oberharz. Seit mehr als 30 Jahren forscht Borges in den Tiefen der

Gruben dieser Welt und hat sich als Publizist einen guten Namen gemacht. Für Firmen und Verbände inszeniert er seit rund zwei Jahrzehnten Veranstaltungen, Events und Incentives unter Tage. Motivation à la Borges, wie das geht, sagt er hier gleich selbst.

### Lautenthals Glück: Motivieren in der Tiefe

Meine erste Expedition in den historischen Bergbau hatte eine rein wissenschaftliche Basis. Aber wann immer ich Neulinge mit in die Welt der verlassenen Bergwerke nahm, stellte ich fest, daß in kurzer Zeit eine besondere Veränderung mit diesen Menschen geschah.

Es ist das Phänomen der herzlichen Öffnung. Das heißt, man kommt sich sehr schnell näher, dies auch bei Menschen, die von Natur aus verschlossen und unzugänglich sind. Wo mag das Geheimnis dieser Veränderung liegen? Ich denke, sie alle, die diesem Wandel unterliegen, spüren, was ich bei meiner ersten Grubenbefahrung auch gespürt habe: Angst!

Angst prägte über 2000 Jahre lang Teile des christlichen Glaubens. Fürchtet euch nicht! lautet die Grundbotschaft. Angst wird uns schon in der Kindheit gemacht, wenn wir folgen sollen. Angst begleitet Menschen durch ihre Ausbildung oder durch ihr Studium. Angst beherrscht Führungskräfte, die um die Entwicklung bangen, ebenso wie Verkäufer, die ihr Budget in Gefahr sehen. *Was mögen das für Menschen sein, die ihr ganzes Leben von der Angst geprägt werden? Man muß diese Angst beherrschen, muß lernen, sie richtig einzuordnen.* Genau da scheint mir der Ansatz unseres Erfolges zu sein, den wir nun über viele Jahre in der Arbeit von Seminaren und Incentives mit Menschen unter Tage feststellen.

Angst beherrschen! Wie macht man das? Ich denke an ein Phänomen, von dem ich immer wieder nicht weiß, ob ich darüber sprechen soll. Die wissenschaftliche Arbeit in der montanhistorischen Forschung wird vor Ort nie allein vorgenommen, sondern man bewegt sich in der häufig seit Jahrhunderten von Menschen verlassenen Welt der historischen Bergwerke im Team oder zumindest immer zu zweit. Trotzdem ist es unausbleiblich, daß man gelegentlich allein an einem Untersuchungsort bleibt, um Messungen zu machen oder zu kartieren.

Wann immer diese Situation für mich eintrat, spürte ich die Augen der Menschen, die über viele Generationen diese unterirdische Welt geschaffen haben. Das alles klingt vielleicht ein wenig verrückt, und deshalb scheue ich mich ja auch, darüber zu sprechen. Aber stellen Sie sich jene Bergeinsamkeit vor, wie man sie in minus 422 Meter Teufe (Tiefe) antrifft. Zerklüftetes Gestein, an dem man, wenn man darum weiß, Millionen Jahre unserer Erdgeschichte ablesen kann. Wetter heulen durch die Stollen und Schächte, Schatten vergrößern sich auf Firste und Stoß im Schein der Grubenlampe, das Fallen der Tropfen schafft ein vielfaches Konzert ganz nah und in der Ferne. Man denkt an die Menschen, die hier gelebt und gelitten haben, die dem Reichtum nachspürten und unentwegt auf der Suche nach den edlen Metallen, dem Silber und dem Gold waren.

Von eben diesen Menschen geht eine große Lebendigkeit aus, und ihre vermeintliche Anwesenheit läßt einen zunächst fürchten. Erinnern Sie sich vielleicht, wie es war, wenn Sie als Kind eine Flasche Wein aus dem Keller holten. Sie taten dies laut pfeifend, um Ihre Angst zu übertönen, und die letzten drei Stufen auf der Kellertreppe nahmen Sie in einem Sprung, um der unterirdischen Stätte von Gespenstern und Kobolden schnell zu entgehen. Ein Keller ist vielleicht vier Meter tief. Das Grubenrevier, von dem ich spreche, ist wie gesagt minus 422 Meter tief. Da ist nichts zu machen mit einem Sprung über drei Stufen nach oben. Da muß man sich stellen, muß sich mutig zeigen. Für mich ist das kein Kunststück mehr, denn schon bald kam ich mit jenen „alten Männern", so nennen wir die Bergleute der Vergangenheit, in einen Dialog. Stumme Gespräche, ein mentaler Austausch ohne den Klang eines einzigen Wortes. Man sagt, daß eine Katze in die Gedanken ihres Herrn „horchen" kann. Warum also kein Dialog mit Menschen aus der Vergangenheit?

„Warum fürchtest du dich vor uns?" fragen sie. „Kein Grund zur Furcht", spricht es in mir. „Ich will ja nur Gutes hier unten erfahren, will Wissen schaffen über jene vergangenen Zeiten, die von den ‚alten Männern' geprägt wurden", denke ich. „Wir mögen dich", sagen sie, „wir passen schon auf dich auf, damit dir nichts Schlimmes geschieht."

Gut so! Ich kann also meine Angst generell vergessen, weil ich mit den Geistern gut stehe. Also kann ich auch andere Menschen mit in diese Welt nehmen. Ich kann ihnen die Fülle der wunderbaren Naturereignisse zeigen. Sinterungen in allen Farben, ein avantgardistisches Gemälde, zu dessen Schöpfung die Natur den Pinsel geführt hat. Steinskulpturen, die sich im Licht unentwegt verändern und ständig neue Formen annehmen. Reißende Wasser, Jahrtausende unberührt, so sauber und wohlschmeckend, wie dies eben nur in der Tiefe unserer Erde möglich ist. Pilze, wie Filigran aus der Silberschmiede, auf den modernen Stempelhölzern. Minerale mit dem Glimmer aus Alberichs Schatzkammer. Kurz: Eine Welt voller Faszinationen.

Unsere Gäste bei Seminaren und Incentive-Veranstaltungen kommen wohl mit einem Gefühl zur Reise nach unter Tage, daß sie ein gefährliches Abenteuer erleben werden. Sie erkennen die Gefahren. Da ist sie wieder: die Angst, die unsere Seminare und Incentive-Veranstaltungen wohl so erfolgreich sein läßt. Aber genau diese Angst bauen wir Experten den Neulingen unter Tage ab, lassen sie spüren, wie man mit der Gefahr gut leben kann. Unser ganzes Leben steckt voller Gefahren, und wir müssen sie meistern. Sie lernen, Kalkül für die ständige Gefahr zu entwickeln, den Aufgaben des Alltags stets gewachsen zu sein, virtuos die Probleme zu lösen! Wo könnte man dies besser begreifen als auf dem Mond, auf dem Grunde der Meere oder in einem Bergwerk. Unseres ist mehr als tausend Jahre alt, und es hat einen vielversprechenden Namen mit symbolischem Gehalt: „Lautenthals Glück".

Eine Nachbargrube die nie in reiche Ausbeute kam, in der also weder Silber noch Gold schimmerten, heißt „Lautenthals Hoffnung". Die Namen wurden den Gruben von den Bergleuten schon bei der ersten Schürfung nach unter Tage gegeben. Woran mag es liegen, daß Lautenthals Hoffnung nur in der Hoffnung auf reiche Ausbeute blieb und Lautenthals Glück zu den reichsten Gruben des Oberharzes zählt? ,,Der Weg ist das Ziel", sagte Konfuzius. *Man muß also sein Ding gut vorbereiten und beherzt zupacken.* Lautenthals Glück, ein solcher Name fordert einfach den Erfolg, Erfolg bis in die heutige Zeit. *Früher waren es die edlen Metalle, die den Erfolg ausmachten. Heute sind es Menschen, die in den unterirdischen Labyrinthen sich selbst finden und die Angst hinter sich lassen.* Da waren jene beiden Vorstände einer großen Stromversorgungsgesellschaft, die sieben Jahre lang auf der Vorstandsetage nur schriftlich miteinander umgingen. Nicht ahnend, welche Feindschaft da vorherrschte, verband ich bei einer Incentive-Exkursion beide mit dem gleichen Sicherungsseil, so daß sie gezwungen waren, sich zu berühren. Für alle Beteiligten war es ein Wunder, als zu einem späteren Zeitpunkt im unterirdischen Biwak beide Herren in ein intensives Gespräch miteinander vertieft waren.

Berührung! Wahrscheinlich sind die Berührungsängste viel gravierender im menschlichen Miteinander als die Angst schlechthin. Man kann sich schon mit den Augen berühren, aber wer schaut den anderen schon richtig an. Unter Tage sieht man den Nachbarn in einem ganz anderen Licht. Man muß alle Sinnlichkeit entwickeln, um zu verstehen, zu begreifen, was im Umfeld geschieht. Und was im Dunkel der ewigen Bergfinsternis sichtbar geworden ist, das kann man im Licht der Sonne nicht mehr übersehen.

Allein die Geschichte des Bergbaus ist schon faszinierend. Etwa 12.500 Jahre schon dringen Menschen in die Tiefe der Erde vor. Vor Ort von diesen Menschen der Vergangenheit zu erfahren, ihre Schicksale mit dem eigenen Leben abzugleichen, ist eine einmalige Chance der Klausur für Geist und Seele.

Im Laufe der Jahre sind zwischen jenen Menschen, die in heutiger Zeit zu Seminaren und Incentive-Veranstaltungen unter Tage kamen, und mir Bindungen entstanden, die häufig über lange Zeit Bestand haben.

Erfahrungen sammeln mit dem Regulativ der ständigen Erneuerung des Wissens: Die Welt unter Tage bietet uns hierfür eine große Chance, die nicht größer auf dem Mond sein könnte. *In absoluter Abgeschiedenheit in sich selbst hineinzuhören, bedeutet auch in andere hineinhören zu können.* Vielleicht sogar, wenn sie gar nicht mehr unter uns sind. Es versieht Sinne mit einem Weitwinkel oder mit jener Nahlinse, die uns das Eigentliche erkennen läßt.

Das Innere der Erde hat von jeher eine mystische Faszination auf die Menschen ausgeübt. Viele Kultstätten wurden untertägig angelegt. In China oder in Ägypten schufen geniale Baumeister ausgedehnte Welten unter Tage für das Leben nach dem Tode. Wir bestatten unsere Toten in der Erde, und die Bibel sagt, daß wir aus Erde gemacht seien. Barbarossa sitzt im Kyffhäuser, Kaiser Karl weilt im Untersberg bei Salzburg. Die Weisheit ist mit ihnen im Erdreich verborgen. Holen wir uns diese Weisheit und steigen selbst ein in die finsteren Teufen. Wir werden die Angst hinter uns lassen und geläutert wieder an das Licht der Sonne aufsteigen. Glück auf!

# Incentive und Event-Veranstalter

Nachfolgend finden Sie eine beileibe nicht vollständige Liste mit Incentive-Veranstaltern. Sie soll als erste Anregung dienen:

*Gemadi*
Gesellschaft für
Marketing-Dienste mbH
Adam-Opel-Straße 2 – 4
64569 Nauheim

*Panroyal*
Agentur für
Absatzkommunikation GmbH
Postfach 1
42331 Wuppertal-Cronenberg

*Das Kreative Haus*
Konferenz- und
Seminarzentrum Worpswede
Hinterm Berg 14
27726 Worpswede

*Shido*
Zen-Seminare-Training
Osterweder Straße 21
27726 Worpswede

*Niedersächsisches*
*Bergbaumuseum*
VIP und MIP Veranstaltungen
Grube Lautenthals Glück
Wildemanner Straße 11 – 21
38685 Langelsheim/Lautenthal
im Oberharz

Weitere Hinweise und ein ausführliches Adreßverzeichnis von Trainern und Incentive-Veranstaltern finden Sie in den jährlich aktuellen Nachschlagewerken:

*BDVT Jahrbuch*
Leistungsverzeichnis
für Entscheider
Bund Deutscher Verkaufs-
förderer und Trainer e.V.
Hohenzollernring 48
50672 Köln

*management & karriere*
Verlag Heinrich Sadler
Trainer + Seminaranbieter
Manager-Training und Weiter-
bildung in Deutschland,
Österreich und Schweiz
Bayernstraße 1
40860 Ratingen

# Vom Geist und Stil im Hause

Stellen Sie sich vor, Sie haben einen Termin mit einer Werbeagentur. Sie befindet sich in einem alten Schloß am Rande einer Stadt. Sie gehen den Kiesweg vom Parkplatz zum Eingangsportal und öffnen die Tür. Sie betreten eine große Empfangshalle, deren Wände schwarz gefärbt sind. In der Mitte steht ein moderner Schreibtisch in der Farbe Lila. Dahinter sitzt eine aufmerksame Dame mit kurzen, buntgefärbten Haaren, die gerade damit beschäftigt ist, ein Räucherstäbchen zu entzünden. Würden Sie sagen, daß diese Szenerie schon ein gutes Stück vom Geist und Stil dieses Hauses verrät?

Nach diesem ersten Eindruck würde wohl kaum jemand erwarten, gleich in weiße, neonlichtbestückte, viereckige Büroräume geführt zu werden. Und wer würde jetzt erwarten, dort von einem Herrn mit kurzgescheitelter Frisur und grauem Zweireiher empfangen zu werden?

Oder stellen Sie sich vor, Sie haben einen Termin in einem Institut für kreatives Management. Das Büro liegt mitten in einer großen Stadt. Das Haus, das sie betreten, ist eines von vielen Bürohäusern mit einer enttäuschend einfachen Tür. Aber dann: Sie öffnen diese spießige Tür – und stehen im Sand, fast so schön wie an der See. Es begrüßt sie ein netter Kerl, barfuß! Er bittet Sie, ihm zu folgen, und verschwindet in einem alten Bauernschrank, der (ohne Rückwand) nichts weiter ist als das Portal zu einem anderen Raum. Dort umfängt Sie ein dezenter Klangteppich meditativer Musik, und Sie sehen Ihren Gesprächspartner an einem Schreibtisch aus dicken Baumstäben sitzen.

Oder stellen Sie sich vor, Sie betreten das Landratsamt Ihrer Stadt, um die Führerscheinausgabestelle zu besuchen. – Verzeihung!

Unser Thema ist der Geist und Stil eines Hauses. Nein, nicht irgendeines Hauses, sondern Ihres Hauses!

Manchmal wird von Managern oder Seminarteilnehmern gefragt, was denn mit dem Geist und Stil des Hauses gemeint ist. „So etwas haben wir nicht!" nehmen manchmal sogar Top-Leute an. Aber das täuscht! *Geist und Stil besitzt jedes Haus!* Zugegeben, dieser ist vielleicht nicht immer kreativ oder positiv oder förderlich – aber jedes Unternehmen hat einen bestimmten Geist und einen bestimmten Stil. Sogar einen, der typisch ist für dieses Haus.

Geist und Stil sind die ungeschriebenen Gesetze im Umgang miteinander, das ist die Wertevorstellung, mit der wir unsere Geschäfte machen, das ist die Antwort auf die Fragen: „Für wen wollen wir tätig sein? Wie wollen wir unsere Geschäfte abwickeln?"

*Es ist nicht möglich, keine Geisteshaltung oder keinen Stil zu haben. Die Frage lautet lediglich: „Fördert meine Unternehmenshaltung die Geschäfte, oder hindere ich mich selbst daran, erfolgreich zu sein?"* Manchmal sind es der eigene Geist und der eigene Stil, die uns daran hindern, das zu erreichen, was wir erreichen könnten.

Seit jeher haben Menschen den Geist und Stil ihres Handelns beschrieben, um damit ihren Wertevorstellungen Ausdruck zu geben. Geschichte gewordene Beispiele zeigen die guten Absichten, aber auch die Schwierigkeiten in der Vielfalt der Möglichkeiten, sich festzulegen.

Die „Magna-Charta" oder die „Bill of Rights" sind Meilensteine in der Historie menschlichen Zusammenlebens. Die „Constitution" oder unsere „Verfassung" repräsentieren unantastbare Werte des Daseins als einzelner in der großen Gemeinschaft. Daß es dabei Unterschiede geben muß, ist logisch, wenn wir Kultur, Mentalität, Klima oder Naturell der Völker nebeneinanderstellen.

Wie im Großen, so auch im Kleinen: Was die Rechte und Pflichten der Mitglieder eines Staates festschreibt, finden wir in der Gemeinschaft eines Unternehmens in dessen Philosophie wieder. Unternehmenskultur wird definiert, wenn man sich (freiwillig) auf Führungsgrundsätze festlegt. Die Bezeichnungen dafür sind im Detail zwar unterschiedlich, man spricht von Unternehmensleitsätzen, von Behavior oder Corporate Identity. Eines ist diesen Denkmodellen aber gemeinsam: Sie beschreiben den Geist und Stil des Hauses im Handeln nach innen und nach außen: Wer einen dieser Grundsätze verletzt, agiert außerhalb des einmal festgelegten ethischen Rahmens und muß die Konsequenzen tragen.

Weil das Festlegen auf Geist und Stil immer auch Verzicht bedeutet, ist dieser Prozeß schwierig. *Verzichten auf alle anderen möglichen Varianten ist ja nichts anderes als ent-scheiden.* So haben große Unternehmen mit der Entscheidung für bestimmte Formulierungen ihrer Führungsleitsätze auch schon Fehler gemacht. In solchen Fällen handelt es sich oft um unkorrigierbare Fehler, weil der Wandel der Welt oft schneller erfolgt, als die Findung neuer Werte für ein Unternehmen Zeit benötigt.

Betrachten wir zwei konkrete Beispiele von Unternehmensleitsätzen, die zum Untergang der jeweiligen Firma beigetragen haben. Die geschäftspolitische Zielsetzung eines Elektronik-Konzerns in den 70er Jahren lautete:

– jährliche Umsatzzunahme 25 Prozent;

– jährliche Gewinnzunahme 10 Prozent.

Die Geschäftspolitik eines nicht mehr existierenden Chemiekonzerns lautete:

1. Zwang zum Wachstum;

2. Zwang zur Qualität;

3. Zwang zur Sparsamkeit;

4. Zwang zum Wettbewerb;

5. Zwang zur Öffentlichkeit;

6. Zwang zur Dynamik.

Hier zwei Beispiele, wie Unternehmensgrundsätze den Erfolg mittragen können.

Die Führungsgrundsätze der Toyota Deutschland GmbH lauten:

1. selbst vormachen;

2. am Mitarbeiter Anteil nehmen;

3. weniger Kritik, mehr Verständnis;

4. wer Erfolg haben will, muß andere erfolgreich machen;

5. den Mitarbeiter fordern und fördern.

Hier noch ein Ausschnitt aus den 31 Führungsgrundsätzen der Firma IKEA:

- Deine Mitarbeiter zu motivieren und weiterzubringen ist deine große Aufgabe.

- Das Gefühl fertig zu sein ist ein wirkungsvolles Schlafmittel.

- Das meiste ist noch nicht getan – was für eine wunderbare Zukunft.

- Es sind immer die positiven Menschen, die gewinnen.

- Gewinnen heißt noch lange nicht, daß ein anderer verlieren muß.

- Bürokratie ist kompliziert und lähmt.

- Fehler zu machen ist das Privileg des Tatkräftigen.

- Unschlüssigkeit führt zu mehr Statistik, mehr Untersuchungen, mehr Sitzungen, mehr Bürokratie.

- Schlichtheit ist eine Tugend. Komplizierte Regeln lähmen.

- Keine Methode ist wirkungsvoller als das gute Beispiel.

Leicht könnte man aus diesen genannten Beispielen den Schluß ziehen, daß es gut ist, sich vor dem Eintritt in eine Firma deren Unternehmensleitsätze anzusehen. Das ist erstens gut – zweitens legitim! So wie ein Personalchef die Bewerbungsunterlagen prüft, so könnte auch ein Bewerber die Hausphilosophie prüfen.

*Die Quelle der Motivation entspringt gleich neben der Quelle der Frustration.* Anders ausgedrückt, *wenn Geist und Stil eines Hauses einen Mitarbeiter nicht beseelen können, dann ist das allein schon der vorprogrammierte Grund für kommende Frustrationen.* Firma und Mitarbeiter sind dann nicht kompatibel.

Wie kann man die eigene Kompatibilität zu einem Unternehmen herausfinden, wenn es dort keine formulierten Unternehmens-Leitlinien gibt? Hier einige merk-würdige Fragen, deren Klärung dabei helfen könnte, den Geist und Stil einer Organisation zu durchleuchten:

— Welche Stärken sollte der ideale Bewerber mitbringen?

— Welche Eigenschaften wären einer guten Entwicklung in diesem Unternehmen hinderlich?

— Was würde geschehen, wenn der Chef ab sofort vier Wochen nicht da wäre?

— Worüber wäre der Firmengründer heute erstaunt?

— Was würde dem Gründer nicht gefallen?

— Was sollte ein Fernsehteam über die Firma berichten?

— Was sollte das Fernsehen nicht zeigen, obwohl es stimmt?

— Warum sollte ein Kunde ausgerechnet diesem Unternehmen einen Auftrag vergeben?

— Warum lohnt es sich, für dieses Haus Überstunden zu machen?

— Woran würde die Welt merken, wenn es diese Firma morgen nicht mehr gäbe?

— Welchen Titel verdient ein Buch über diese Firma?

Merk-würdig sind diese Fragen wohl deshalb, weil derjenige, der auf sie Antworten bekäme, merken würde, welcher Geist in diesem Unternehmen herrscht. Und, finden Sie nicht, daß diese Fragen auch würdig wären, von Ihrem eigenen Unternehmen beantwortet zu werden? Vielleicht gehört das Haus, für das Sie arbeiten, ja bereits zu der Minderheit der Unternehmen, die ihren Geist und Stil bedacht und formuliert haben — dann sind Sie zu beglückwünschen!

Falls nicht (oder besser: falls *noch* nicht ...), dann besteht hier eine große Chance, die Zukunft zu gestalten. *Herzlich willkommen in der Zukunft, die soeben begonnen hat!*

# Die Energie-Quellen erfolgreicher Umsetzung

Kann eine einzelne Führungskraft eine richtige Entscheidung treffen, ohne ihre Mitarbeiter zu fragen? Die Antwort ist ein klares „Ja". Vielleicht hat derjenige Ahnung oder Glück. Ist damit die Umsetzung der guten Entscheidung garantiert? Diese Antwort ist ein ebenso klares „Nein".

Um ein Vorhaben, eine Aktion oder eine Entscheidung erfolgreich umzusetzen, müssen drei Energiequellen vorhanden sein und funktionieren: *Autorität – Macht – Einfluß*.

Wenn eines der drei Power-Potentiale nicht ausreichend erfüllt ist, kann die Umsetzung einer Entscheidung schwierig sein, wenn nicht sogar unmöglich werden.

Bevor wir diese drei Begriffe definieren, betrachten wir doch einen Moment den Zusammenhang dieser Energiequellen bei der Umsetzung einer Unternehmensentscheidung. Natürlich muß es jemanden geben, der die Autorität besitzt, ein Vorhaben nach außen oder nach oben zu vertreten. Und ebenso natürlich benötigt die Verwirklichung einer Idee Menschen, die die Macht haben, etwas zu realisieren. Nicht zuletzt ist es genauso wichtig, Einfluß auf das Geschick einer Entwicklung zu nehmen, um die Qualität der Umsetzung abzusichern. Am Anfang steht die Idee, dann kommen Autorität, Macht und Einfluß. So vernetzt, kann eine Idee sich nun manifestieren.

Wenn es stimmt, daß Autorität, Macht und Einfluß die Energiequellen der Umsetzung sind, dann taucht zwangsläufig die Frage auf: ,,Wer besitzt denn im Unternehmen Autorität, Macht und Einfluß?''

*Autorität hat derjenige im Unternehmen, der ,,Ja'' oder ,,Nein'' sagen kann.*

Nehmen wir einmal an, wir fragen den Pförtner eines Autohauses, ob wir beim Kauf eines Neuwagens zwölf Prozent Rabatt bekommen können. Niemand wird ihm einen Vorwurf machen, wenn der Pförtner dazu ,,Nein'' sagt. Nur eines darf er nicht verbindlich zusagen, nämlich: ,,Ja''.

Das Recht, Nein und/oder Ja zu sagen, hat nur die Geschäftsleitung. Autorität ist das legale Recht Nein oder Ja sagen zu können. Wenn in einer Firma alle Nein sagen dürfen, sprechen wir von einer Bürokratie.

Immer da also, wo jemand das Recht, Nein oder Ja sagen zu können, nicht hat, ist keine Autorität.

Wie sollte eine Entscheidung umgesetzt werden, wenn nicht jemand dieser Idee das nötige Rückgrat gibt? Wer das kann, der besitzt die Autorität.

Vielleicht finden Sie diese Erkenntnis erstaunlich, denn dann ist ja gar nicht jeder eine Autorität, der sich dafür hält oder ausgibt. Wenn Sie diese Erkenntnis dennoch akzeptieren können, so werden Sie vielleicht schon bei der nächsten Definition für einen Moment meinen: ,,Also jetzt spinnt er ganz! Dann hätte ich als Vorgesetzter ..." Aber warten wir es ab. Hier die nächste wichtige Definition:

*Macht hat im Unternehmen derjenige, der seine Kooperationsbereitschaft anbieten oder entziehen kann.*

Warum hat der Chef Mitarbeiter? Die Antwort ist ganz einfach: Weil er nicht alles alleine tun kann! Er ist also auf die Bereitschaft seiner Mitarbeiter angewiesen, mit ihm zu kooperieren!

Was würde eigentlich geschehen, wenn Mitarbeiter nicht mehr dazu bereit wären zu kooperieren? Spätestens dann würde jeder im Unternehmen merken, wer denn wirklich die Macht im Hause hat. Die Mannschaft, das Team, die Mitarbeiter! Die haben die Macht! Und nicht und niemals ein Vorgesetzter. Er besitzt zwar Autorität, aber keine Macht. Manchmal wollen Führungskräfte, die sich als Machthaber sehen, diese Einsicht nicht zulassen. Dieser Verdrängungsprozeß funktioniert auch gelegentlich über lange Zeit hinweg. Aber das täuscht!

Wenn Mitarbeiter keine Motivation mehr in sich aufbringen, mit der Firma oder mit dem eigenen Chef zu kooperieren, dann bieten sich ihnen viele Möglichkeiten, die Machtverhältnisse zu korrigieren.

Sie machen Dienst nach Vorschrift, werden krank, reden schlecht über ihren Chef, sind nicht mehr kreativ, verweigern Mehrarbeit, machen Fehler oder halten Informationen zurück. Wenn dann in einer Sitzung auf Führungsebene ein Chef sich die Frage gefallen lassen muß: ,,Sind Sie sicher, daß Sie Ihre Abteilung noch im Griff haben?", merkt auch der Betroffene, wer hier tatsächlich im Hause die Macht hat.

*Es gibt zwei Dinge, die man nicht abfordern, sondern nur verschenken kann: Macht und Vertrauen!*

Jeder kennt das, der schon einmal in einer lauen Mondnacht auf einer Parkbank seiner Angebeteten zugeflüstert hat: ,,Ich kann ohne dich nicht mehr leben." Vielleicht war das für manch einen das erste Mal, daß er die Macht über sich verschenkt hat. Nicht auszudenken, welche Macht der Partner ab diesem Zeitpunkt über einen hat!

Verschenken Sie Ihre Macht an Ihre Mitarbeiter (Sie haben sowieso keine andere Wahl), und tun Sie das im klaren Bewußtsein Ihrer Beziehung zum Team.

Können Sie ermessen, daß eine Führungskraft, die sich dessen bewußt ist, eine andere Art des Umgangs mit Mitarbeitern entwickelt als ein Chef, der noch glaubt, er hätte die Macht? Die Umsetzung einer Idee benötigt Macht − und die haben alle beteiligten Mitarbeiter. Diese Quelle gilt es zu hegen und zu pflegen, anstatt sie zu dämpfen.

Was aber ist Einfluß, und wer hat Einfluß, wenn schon Autorität und Macht so unterschiedlich verteilt sind?

*Einfluß hat derjenige, der ohne Autorität und ohne Macht etwas bewegen kann! Dafür werden Manager bezahlt.*

Einfluß nehmen auf Menschen, Märkte, Trends, Entwicklungen, Entscheidungen: Das ist ihre Aufgabe. Nehmen wir als Beispiel ein ganz bestimmtes Unternehmen, und betrachten wir einmal, wer hier Einfluß hat. Nehmen wir einmal Ihr Unternehmen. Denken Sie darüber nach: ,,Wieviel Einfluß haben Sie?"

Das liegt an jedem selbst. Es liegt daran, wie wir mit anderen umgehen und noch mehr: wie wir mit uns selbst umgehen.

Aber da gibt es noch mehr Leute, die Einfluß haben: Dazu gehören Gewerkschaften, Lieferanten, Trainer, Berater und Behörden.

Wer etwas bewegen will, muß die Energiequelle ,,Einfluß" in seine Überlegungen einbeziehen. Das heißt nichts anderes, als auch die unangenehmen Menschen zu fragen und mit denen zu reden, die die Umsetzung einer Idee erschweren oder verhindern könnten. Manchmal sind das Politiker oder Journalisten, ein anderes Mal sind das Beamte oder Prüfbehörden oder Umweltschützer.

Jeder hat so viel Einfluß, wie sein Geschick es ihm erlaubt − und so wenig, wie er die Bedürfnisse anderer mißachtet. Oder anders: *Der persönliche Einfluß ist grenzenlos* − alles, was nicht ist, wie ich es gerne hätte, kann ich beeinflussen. Wem nicht einfällt, wie er das anstellen soll, der ist selbst schuld!

Aus der klugen Kombination dieser drei Faktoren: Autorität, Macht und Einfluß entsteht ein hochmotiviertes Team, daß seine Wünsche, Ziele und Ideen durchsetzt − ein Plusfaktor für jedes Unternehmen.

„Aber Chef, die Kolleginnen und Kollegen werden begeistert sein von Ihrer Konsequenz als Umweltschützer."

# Charisma in der Führung

Eigentlich ist der Titel dieses Kapitels eine Tautologie, also ein doppelt wiedergegebener Sachverhalt. Denn wer Charisma hat, führt andere Menschen auf ihrem Weg des persönlichen Wachstums. Wer Charisma hat, führt. Es gibt kein Charisma ohne Führung. Aber umgekehrt ist das noch lange nicht so. Wer andere führt, besitzt nicht unbedingt Charisma. Tatsache ist (leider), charismatische Führungskräfte sind immer noch in der Minderheit.

*Charisma ist der Beitrag eines Menschen zum Wachstum eines anderen.*

Sie kennen sicherlich die Situation, daß Sie zu Ihrem Vorgesetzten gerufen werden. Dort werden Sie positiv empfangen, und der Chef erklärt Ihnen, warum er sich in der letzten Woche über Sie gefreut hat. Er erwähnt konkret und auf den Punkt, was er an Ihnen und Ihrer Arbeit schätzt, und bittet Sie zu guter Letzt auch noch um eine Empfehlung für die nächste Marketingaktion.

Oder wenn nicht dies, so kennen Sie sicherlich die Situation, wie Ihr Vorgesetzter Ihnen Rückendeckung gibt, nachdem ein anderer Sie wegen eines Fehlers bei ihm angeschwärzt hat. In aller Verbindlichkeit erklärt Ihnen Ihr eigener Boß, daß er davon ausgeht, daß die Angelegenheit von Ihnen objektiver beurteilt werden kann als von ihm durch Hörensagen, und daß er deshalb einfach auf ihr taktisches Geschick vertraut.

Auf jeden Fall und ohne Zweifel wissen Sie aber wohl aus eigener Erfahrung, daß Ihr eigener Chef ausschließlich Positives erwähnt, wenn er im Kollegenkreis von Ihnen erzählt. Sie selbst würden, genau deshalb, ihren eigenen Chef jederzeit zur „Führungskraft des Jahres" vorschlagen.

Führen heißt eben nicht „Dinge anordnen", sondern „Menschen motivieren"! Gratulation! Sie wissen aus eigener Erfahrung, was Charisma ist, wenn Sie so einen Chef haben.

Und jetzt kommt es noch besser: Weil Sie selbst an das Wachstum eines jeden Menschen glauben, werden Sie nicht gleich nervös, wenn einer Ihrer Mitarbeiter oder Kollegen einen Fehler macht. Sie behalten Ihre positive Gelassenheit auch dann, wenn um Sie herum eine Weltuntergangsstimmung herrscht, die sich in Zeit- und Geld-Gerede ausdrückt. Sie würden auch dann, wenn der Ernst der Lage vordergründiger scheint als der Spaß an der Arbeit, Ihren Gleichmut behalten und Ihre Mitarbeiter gelassen motivieren. Das ist Charisma!

Wer sagt denn, daß Charisma eine leichte Tugend ist? Wer sagt denn, daß diese Ausstrahlung, die wir so sehr schätzen, leicht zu haben ist?

*Charisma ist ein anderes Wort für Geben!* Charisma ist eine Ausstrahlung, die den charismatischen Manager umgibt wie eine Aura, eine sichtbare warme Strahlung, die andere auch dann erreicht, wenn der Alltag die guten Vorsätze zu erdrücken droht. Fast könnte der Eindruck entstehen, man müßte ein Guru sein, um Charisma zu haben. Auch nicht schlecht. *Was leistet ein Guru anderes, als einen Beitrag zum Wachstum anderer Menschen? Seien Sie ein Guru!* Ein Guru in Nadelstreifen? Kein Problem. Charisma ist eine Geisteshaltung.

# Das Syndrom des pessimistischen Propheten

Es ist, also ob Sie sich vornehmen, eine einschneidende Veränderung in Ihrem Bereich durchzusetzen – und jemand sagt Ihnen: „Das klappt sowieso nicht."

Oder es ist, als ob Sie eine neue Marketingaktion für Ihr Gebiet planen – und irgendeiner sagt Ihnen: „Das haben wir vor Jahren schon versucht, da ging es auch nicht."

Oder es ist, als ob Sie hochmotiviert an eine Sache herangehen – und Sie müssen sich anhören: „Seien Sie aber nicht enttäuscht, wenn das schiefgeht, das muß ja schiefgehen."

Ja, es ist, als ob Sie völlig den Blick für die realistischen Möglichkeiten verloren hätten, denn immer ist da eine Stimme, die Sie davor warnt, das zu tun, was Sie gerade vorhaben. Diese Stimme, dieses warnende Gewissen von außen, in Gestalt eines netten Kollegen, einer wohlgesonnenen Kollegin oder eines loyalen, erfahrenen Mitarbeiters – diese Stimme ist der Ruf des „pessimistischen Propheten", der doch nur Ihr Bestes will: Ihre Kreativität.

Betrachten wir diesen Allerweltsablauf in vielen Unternehmen einmal etwas näher, so offenbart sich Erstaunliches: Ein Teammitglied äußert zu einem geplanten Vorhaben in seinem Unternehmen: „Das klappt sowieso nicht!" Nehmen wir einmal an, derjenige behält recht, und die Sache geht schief. Alles wird wie geplant durchgeführt, aber der Erfolg entspricht nicht den Erwartungen, die alle auf diese Aktion gesetzt hatten. Gut, der Prophet behält recht! – Aber seine Kollegen denken weiter: „Wenn er bei dieser Aktion voll mitgezogen hätte, dann hätten wir es vielleicht schaffen können! Statt dessen hat er von vornherein die Einstellung gehabt: Das klappt sowieso nicht! Kein Wunder also, daß es nicht geklappt hat. Das nächste Mal wird der Miesmacher nicht in die Planung einbezogen." Der pessimistische Prophet bleibt der Verlierer!

„Ich sehe schwarz, wenn ich Ihre roten Zahlen sehe."

Nehmen wir jetzt einmal an, es klappt, obwohl jemand meinte: „Das kann nicht funktionieren!" Die Aktion geht also gut aus und wird ein Erfolg. Auch in diesem Falle denken die Kollegen weiter: „Wenn er voll mitgezogen hätte, dann wäre es bestimmt noch besser ausgegangen. Schade! Wir sollten darüber nachdenken, ob wir uns so einen Pessimisten leisten können." Der pessimistische Prophet bleibt auch bei dieser Variante der Verlierer!

*Der pessimistische Prophet ist immer der Verlierer!*

Beispiele dafür bestimmen den Lauf unserer Welt. Hier ein Extrembeispiel: Das Deutsche Patentamt nimmt keine Entwicklungen zum Thema „Perpetuum mobile" entgegen. Das „Perpetuum mobile" kann es nicht geben. Unabhängig davon, ob es das geben kann oder nicht, haben wir aufgehört, nach besseren Wirkungsgraden zu forschen! Das ist der Grund, warum Automobile oder Flugzeuge dem Grunde nach mehr Öfen sind, die unsere Luft beheizen, als Energie für Fortbewegung zu erzeugen. Der Wirkungsgrad ist so schlecht, daß ein einziger Flug eines Großraumjets von Frankfurt nach Madrid so viel Kraftstoff verbraucht, daß man damit ein Jahr lang ein Zweifamilienhaus beheizen könnte. Nun ja, das „Perpetuum mobile" funktioniert nun mal sowieso nicht! Schade, daß wir nicht wenigstens in diese Richtung forschen können. Der pessimistische Prophet ist hierbei zur Zeit Sieger – und doch ist er der Verlierer!

Hier noch ein ganz alltägliches Beispiel: „Management-Training und Fortbildung der Mitarbeiter im Betrieb bringt sowieso nichts! Wie will man das auch messen? Am Ende hätten wir auch ohne teures Training dieses Ergebnis geschafft!" sagt so mancher Unternehmer.

Pessimistisch betrachtet ist Training teuer. Abgesehen vom Trainerhonorar sind die Mitarbeiter aus dem Betrieb heraus, das Hotel kostet Geld, und verpflegt wollen sie auch sein! Warum üben Spitzensportler eigentlich täglich das, was sie am besten können?

Ist es überhaupt legitim, einen Top-Verkäufer oder Top-Manager mit einem Top-Athleten zu vergleichen? Der pessimistische Prophet ist bei dieser Frage oft der Stärkere – aber ist er deshalb auch Sieger? Training ist teuer! − Aber kein Training ist noch teurer!

Noch ein letztes Beispiel: ,,Die Umwelt ist sowieso so kaputt, daß es sich gar nicht lohnt, gesund zu leben! Ob du rauchst oder verseuchte Pilze ißt, das kommt doch sowieso auf das gleiche heraus.''

Was tun, wenn Menschen solche pessimistisch prophetischen Einstellungen haben? Erteilen wir mutig und entschlossen eine klare Absage an den Weltuntergang! Lassen wir das Gerede von Umsatz und Geldverlusten nicht zum unbedachten Alltagspessimismus werden! In uns Menschen schlummern riesige Energiereserven, die es zu nutzen gilt.

Stecken Sie morgen jemanden an, das zu tun, was er bisher nur zu denken gewagt hätte! Motivieren Sie Ihren Kollegen, Ihren Mitarbeiter, Ihren Chef zum positiven Propheten ... und lassen Sie es sich gleichgültig sein, was andere über Erfolg denken! Verändern Sie Ihre Welt jetzt!!!

Wenn am Ende nur Sie selbst derjenige sind, der neuen Mut getankt hat, der zum positiven Propheten geworden ist − na und?! Wo beginnt die Welt? − wenn nicht bei uns selbst! Herzlich willkommen in der positiven Zukunft − die soeben begonnen hat!

# Gute Gedanken — gute Erfolge

Warum konnte eine ganz bestimmte Nation die Schlüsselmärkte der westlichen Welt erobern? Was macht diese Wirtschaftskraft aus, die in Entwicklung und Produktqualität ihren Ausdruck findet? Was ist dran an der japanischen Geisteshaltung, die sich im Anlagenbau, im Automobilbau, in der Elektronik oder im Computerwesen erfolgreich widerspiegelt? Genügt es, diese Tatsachen mit Kultur- oder Mentalitätsunterschieden zu erklären?

Selbst wenn diese einzelnen Fragen beantwortet werden, kann damit noch nicht ein Mega-Trend verstanden werden, der die Unternehmen der westlichen Welt das Fürchten gelehrt hat. Wer das Geheimnis des japanischen Erfolges begreifen will, der muß wenigstens wissen, daß es Zen gibt, dort, wo Japaner lernen, handeln, entscheiden und umsetzen. Aber was ist Zen?

Was würden Sie tun, wenn Ihre Haare brennen würden — sie löschen! Oder?

Wer wissen will, was Zen ist, muß genauso spontan und entschlossen reagieren und gerade und still sitzen. Drei Jahre lang.

Ob es eine ,,Garantie dafür gibt, dann zu wissen, was Zen ist'', wollte einmal jemand wissen. Nein, das nicht, alles, was Sie in drei stillen Jahren jemals denken — ist jedenfalls kein Zen. Na bitte, ist doch schon etwas. So weiß man doch ein wenig mehr, was Zen nicht ist.

Wir wollen die unaussprechliche Sache einmal anders angehen. Wir wollen eine einzige Handbewegung zen-sibel betrachten.

Diese eine Handbewegung ist auf den ersten Blick so einfach, daß es eigentlich nichts dazu zu sagen gibt. Es handelt sich um das Abschießen eines Pfeiles mit einem Bogen.

Die Japaner nennen das Kyodo. Immerhin ist Kyodo typisch japanisch. So wie der große wirtschaftliche Erfolg typisch japanisch ist.

Die Hand des Schützen hält den Bogen. Der Pfeil ruht zwischen Sehne und Griff und ist der ganzen Spannung im Bogen ausgesetzt, ohne daß diese Spannung in ihm wäre. Der Pfeil ist ohne jede Spannung.

Die Kraft der Anspannung ist im Schützen, so lange, bis der Pfeil diese Kraft übernimmt, einfach so – „pling!" Wer schießt da eigentlich was? Der Schütze hat seine Gedanken aufgelegt. Er schießt seine Gedanken weg, nicht den Pfeil. Darum geht es!

„Gute Gedanken einfach wegschießen?" werden Sie fragen. Ja – einfach wegschießen. Schlechte Gedanken wegschießen, das leuchtet ja noch ein, aber die guten? Ein abgeschossener Pfeil trifft immer! Die Frage mag vielleicht lauten, wen oder was der Pfeil trifft – eines ist sicher, treffen wird er auf jeden Fall.

Gedanken sind wie Pfeile! Wenn also jeder Gedanke trifft, wäre es da nicht sinnvoll, gute Gedanken abzuschießen? Sicher gibt es Pfeile, die nicht da landen, wo der Schütze es wollte, aber treffen wird er!

Das ist der Grund, gute Gedanken abzuschießen.

Der japanische Weg des Bogens (Kyodo) ist die Grundlage dieser Übung des Geistes. Wenn die Gedanken gut sind, stimmt die Handlung des Schützen, und der Pfeil wird das „Mato" (Ziel) treffen.

Dennoch wird es dem Schüler immer wieder passieren, daß ein Pfeil nicht das gewünschte Ziel trifft. Das ist ein sicherer Hinweis darauf, daß in der Vorbereitung und in der harmonischen Entwicklung des Schützen etwas noch nicht stimmt. Denn wenn alles stimmt, dann trifft er blind!

Dann stimmen: Stand, Atmung, Haltung, Fußstellung, Blick, Position, Gleichgewicht, Kopfdrehung, Mittelpunkt, Schrittbreite, Führungsdaumen, Hüftstellung, Denken, Loslassen, Nichtdenken, Achtsamkeit und die ruhige Kraft im Schützen ... alles stimmt.

Gedanken wegschießen. – Jeder tut es, jeden Tag. Wenn alles stimmt, wird das ein Treffer. *Nicht auszudenken, welche Erfolge möglich wären, wenn wir gute Gedanken abschießen würden,* wenn wir ruhigen Geistes die Gedanken auflegen würden, und hellwach eins werden würden mit dem, was wir tun.

Und wenn ein Schuß danebengeht? Na und? Dann hat in der harmonischen Entwicklung des Schützen einfach noch nicht alles gestimmt.

Ein japanischer Geschäftsmann erzählte einmal diese Geschichte (wer weiß, vielleicht war es seine Geschichte?):

Der Sohn eines erfolgreichen Unternehmers war gerade von der Hochschule abgegangen und hatte ein internationales Diplom erworben. In Kürze sollte er den kaufmännischen Bereich des Unternehmens als Führungskraft übernehmen und leiten.

Da erzählte ihm sein bester Freund, den er während der ganzen Studienjahre nicht gesehen hatte, von Zen. Dieser Freund hatte sich für das Studium und den Weg der japanischen Geisteshaltung des Zen entschieden. Er berichtete von seinen Bemühungen unter Anleitung seines Zen-Lehrers.

Der junge Kaufmann wurde dadurch so interessiert, daß er seinen Freund bat, ihm doch eine Begegnung mit dem Zen-Lehrer zu vermitteln.

So kam es, daß er eines Tages dem Zenmeister gegenübersaß. Sie tranken grünen Tee, nach alter Sitte und Ritual. Er berichtete dem Meister über sein Hochschulstudium und seine neuen Aufgaben im elterlichen Unternehmen. Dann wollte er wissen, was Zen eigentlich sei.

Der Meister reagierte sofort und ohne Zögern und sehr laut: „Zen ist nichts für dich! Geh nach Hause in deinen Betrieb, und kümmere dich um deine Leute! Das ist deine Aufgabe! Komm in einem Jahr wieder, wenn du willst!"

So mußte der junge Unternehmer ohne Antwort auf seine Frage nach dem Wesen des Zen gehen.

Nach einem Jahr saß er wieder vor dem Lehrer und fragte ihn, was denn Zen eigentlich sei. Der Zenmeister jedoch wollte wissen, was der Unternehmersohn im vergangenen Jahr getan hatte, und so berichtete er von seiner Arbeit, den Problemen und den Mühen mit dem Geschäft.

Ganz plötzlich, wie aus dem Nichts, hörte er den Zenmeister laut schimpfend und gestikulierend sagen: „Zen ist nichts für dich! Geh nach Hause und kümmere dich um deine Mitarbeiter! Hör dir ihre Sorgen an, ermuntere sie, Vorschläge zu machen, versuche, ihre Ansichten zu verstehen, versetz dich in ihre Lage, besuche sie, wenn es sein muß, abends und privat, sprich mit ihnen über die Familie und ihre Kinder — aber misch dich nicht in ihre Angelegenheiten ein! Geh jetzt und tu, was ich dir sage! Wenn du willst, komm in zwei Jahren wieder."

So kam es, daß der junge Unternehmer Jahre später erst wieder zum Tee zu diesem Zen-Lehrer kam. Mittlerweile hatte er die Führung des Unternehmens übernommen und war ganz in seiner Arbeit aufgegangen.

Sie tranken grünen Tee. Der Meister hatte extra für diese Begegnung ein wunderschönes Rollbild mit dem Motiv eines Bambus aufgehängt. Der erfolgreiche Unternehmer berichtete davon, wie er in den letzten Jahren um seine Leute bemüht war, wie er auch in schwierigen Situationen versucht hatte, seine Mitarbeiter zu befragen, und wie er geduldig und mit großem Verständnis für seinen Vater das Generationenproblem in den Griff bekommen hatte. Er erzählte von seiner Vision, die Mitarbeiter auf den Wandel der Zeit einzustimmen, und von dem Risiko, das er bei Investitionen für neue Maschinen eingegangen war.

Nach einer Weile schaute er den Meister an, weil er sich wunderte, daß der bisher gar nichts dazu gesagt hatte. Der Meister lächelte, und dann sagte er: „Das ist Zen!"

*„Liebe Leser, Zen ist nichts für Sie ..."*

# Die Brücke von der Theorie zur Praxis

Vielleicht sind Sie bereits ein Meister darin, Ihre persönlichen Vorhaben in die Praxis umzusetzen? Vielleicht haben Sie sich und der Welt schon deutlich gezeigt, was es heißt, erstrebenswerte Ziele auszuhecken und dann konsequent in Szene zu setzen? Vielleicht war dieses Buch auf der ganzen Linie eine Bestätigung dessen, was Sie schon immer unter Motivation verstanden haben?

Wenn auch nur eine dieser Thesen zutrifft, sind Sie zu beglückwünschen!

*Sie sind im Besitz einer Gabe, für die Rockefeller senior mehr zu bezahlen bereit war als für jede andere Fähigkeit unter dieser Sonne: nämlich die Gabe, Menschen richtig zu behandeln.*

Um die große Gabe, Menschen motivierend zu behandeln, auf den Punkt zu bringen, fassen wir die Essenz der einzelnen Kapitel dieses Buches in diesem letzten Kapitel zusammen:

1. Das ,,Burn-Out-Syndrom": Jedes Jahr brennen Top-Manager und Top-Verkäufer einfach aus und ... werden ein Fall für die Schulmedizin. Motivation wirkt prophylaktisch gegen ,,Burn-Outs". Motivation kann Burn-Outs löschen.

2. Mitarbeiterauswahl von hoher Entscheidungsqualität braucht auch ungewöhnliche Methoden. Wer kreative Leute sucht, muß erst einmal selbst den Mut zu schöpferischem Handeln haben. Man muß schon ein wenig ver-rückt sein, um Erfolg zu haben!

3. Da ist kein Betriebsklima – Sie sind das Betriebsklima! Ein Test, ob der einzelne das Betriebsklima beeinflussen kann: Wenn Sie noch in Ihr Büro gehen, dann beeinflussen Sie es!

4. Charisma ist der Beitrag eines Menschen zum Wachstum eines anderen Menschen. ,,People grow where ideas flow!"

Menschen wachsen, wo Ideen fließen! Wer motivieren will, sollte Menschen lieben. Grundsätzlich!

5. Motivieren heißt nicht, Dinge anzuordnen. Die ideale Befehlsform beruht auf der Einstellung: ,,Was schlagen Sie vor?''

6. Erwischen Sie Ihre Mitarbeiter dabei, daß sie etwas gut machen! Anerkennung ist das seelische Gehaltskonto! Tadel soll die Bereitschaft auslösen, sich selbst zu einer Verhaltensänderung zu motivieren.

7. Die effektive Konferenz braucht einen guten Moderator. Moderator sein heißt: konkret in der Sache und flexibel im Eingehen auf die Person.

8. Wir wissen nicht, wer das Wasser entdeckt hat, sind aber sicher, daß es kein Fisch war! Das betriebliche Vorschlagswesen (BVW) hilft, das eigene Ego zu überwinden. Einer guten Idee ist es egal, wer sie hatte.

9. Die Mitarbeiter-Beurteilung dient zur Objektivierung der eigenen Sicht. Das wichtigste Bild liefert der Mitarbeiter selbst. Wenn Mitarbeiter sich auf das Gespräch mit ihrem Chef freuen − dann stimmt da etwas!

10. Das Sündenbock-Syndrom: Seit jeher opfern wir Menschen in Krisenzeiten den Göttern das, was wir am nötigsten brauchen. So kommt es, daß wir geneigt sind, die wichtigsten Mitarbeiter zuerst zu entlassen.

11. Motivieren in der Krise setzt voraus, daß sich niemand, der dem Unternehmen helfen soll, damit identifiziert! Befreien Sie sich augenblicklich von jeder Identifikation!

12. Der Krankenstand im Unternehmen ist ein Barometer der Führungsqualitäten. Die Sprache der Krankheitssymptome zu verstehen − darum geht es!

13. „Man muß also sein Ding gut vorbereiten und beherzt zupacken." (Konfuzius) Früher waren es die edlen Metalle, die den Erfolg ausmachten – heute sind es die Menschen, die ihre Angst hinter sich lassen.

14. Geist und Stil hat jedes Haus! Die Frage ist nur: Fördert unsere Haltung die Geschäfte, oder hindert sie uns daran, noch erfolgreicher zu sein?

15. Macht hat derjenige, der seine Kooperationsbereitschaft im Unternehmen anbieten oder entziehen kann. Also haben die Mitarbeiter Macht und niemals der Chef!

16. Charisma ist ein anderes Wort für Lieben und Geben. Was leistet ein Guru anderes als genau das? Seien Sie Guru! Ein Guru in Nadelstreifen? Kein Problem. Charisma ist eine Geisteshaltung.

17. Der pessimistische Prophet ist immer der Verlierer! Erteilen Sie mutig und entschlossen der Zeitangst und dem Weltuntergangsgerede eine Absage! Herzlich willkommen in der Zukunft – die soeben begonnen hat!

18. Gedanken sind wie Pfeile. Sie treffen immer irgendwo. Das ist der Grund, gute Gedanken wegzuschießen.

19. Lieber Leser, gehen Sie in Ihre Firma, zu Ihren Leuten – kümmern Sie sich um die! Zen ist nichts für Sie ...!

„Also, wenn Sie mich fragen — aber mich fragt ja keiner."

# Literaturhinweise

Der Papalagi, Klett, Stuttgart

Peter Zürn: Japan zwischen Yen und Zen, verlag moderne industrie, München/Landsberg a. L.

Thomas Cleary: Zu wissen, wann man kämpfen soll, Aurum, Braunschweig

Thorwald Dethlefsen/Rüdiger Dahlke: Krankheit als Weg, Bertelsmann, Gütersloh

Louise L. Hay: Heile deinen Körper, Lüchow, Freiburg

Helmut Weyh/Patrick Krause: Kreativität, Econ, Düsseldorf

Karlheinz Schönherr: Nach oben geschraubt, Econ, Düsseldorf

Piet Vroon: Drei Hirne im Kopf, Kreuz, Stuttgart

Peter Zürn: Meditation für Manager, Herder, Freiburg

Peter Stemmann: Gute Gedanken − gute Erfolge, mvg-verlag, München/Landsberg a. L.

Helmut Weyh: Motivations-Management, mvg-verlag, München/Landsberg a. L.

**Manfred Wenzel**
**Grafik-Designer**

**Cartoons**
Humorvolle Visualisierung trockener Themen
für Schulung und Seminar

**Grafik**
Grafische Gestaltung für Marketing, Werbung
und Verkauf

**Schulungsmedien**
Didaktische Aufbereitung für teilnehmer-
orientierte Seminarunterlagen

**Meditative Malerei**
Energetisierende Farbverläufe im Großformat
zur kreativen Arbeitsplatzgestaltung

**Die Büroanschriften der Autoren sind
beim Verlag zu erfragen.**

**Haben Sie Interesse an Seminaren
mit Peter Stemmann?
Informationen erhalten Sie gerne
beim Verlag.**

**Peter Stemmann BDVT**
**Management-Trainer**

**Verkaufstraining**
Steigerung der persönlichen Wirkung

**Führungsseminar und
Management-Training**
Qualitäts-Entscheidungen finden und effizient
umsetzen

**Kreativitäts-Training**
Mobilisierung eigener geistiger
Power-Potentiale

**Entspannungs- und
Mobilisierungstechniken**
"... die Mitte zu finden, das ist das Ziel aller
Übung!" Es geht um die körperliche und
geistige Mitte, aus der richtiges und gutes
Handeln erwächst

**Selbstverwirklichung in Beruf und
Partnerschaft**
Das Seminar für Führungskräfte und deren
Lebenspartner, die berufliches Engagement
und Harmonie in der Partnerschaft für
möglich halten

**Team-Training**
Eine Mannschaft wächst im Training vom
mechanischen zum organischen Team

Postfach 45 04 41 • 80904 München